吴天明

艺术画传

陈 非 著

陕西师范大学出版总社

图书代号　WX18N0922

图书在版编目（CIP）数据

吴天明艺术画传/陈非著. —西安：陕西师范大学出版总社有限公司，2018.7
　ISBN 978-7-5695-0104-9

　Ⅰ.①吴…　Ⅱ.①陈…　Ⅲ.①吴天明（1939—2014）—传记—画册　Ⅳ.①K825.78-64

中国版本图书馆 CIP 数据核字（2018）第 150023 号

吴天明艺术画传
WU TIANMING YISHU HUAZHUAN

陈　非　著

责任编辑	梁　菲
责任校对	杨　杰
版式设计	前　程
出版发行	陕西师范大学出版总社
	（西安市长安南路 199 号　邮编 710062）
网　　址	http://www.snupg.com
印　　刷	陕西金和印务有限公司
开　　本	787mm×1092mm　1/16
印　　张	14
字　　数	110 千
版　　次	2018 年 7 月第 1 版
印　　次	2018 年 7 月第 1 次印刷
书　　号	ISBN 978-7-5695-0104-9
定　　价	68.00 元

读者购书、书店添货或发现印刷装订问题，影响阅读，请与营销部联系、调换。
电话：（029）85307864　85303635　　传真：（029）85303879

序 言

骄傲的吴天明

彭小莲

1985年10月10日，奥逊·威尔斯导演去世。这位被视为美国历史上罕见的、具有重要文化意义的电影导演，死得非常孤独。他正艰难地为自己下一部戏筹钱，最后因为心脏病发作，在洛杉矶边上的小旅馆去世。但是，死后的他变得如此辉煌。在他的追悼会上，好莱坞所有的"大佬"都到齐了，为失去这么伟大的美国导演而痛心，他们都深深地低下头，向他致哀。《纽约时报》在报道这一消息的时候，同时提问："就在威尔斯导演去世前的那几天，你们都到哪里去了？"

2014年3月4日，吴天明导演去世。这位同样被视为中国电影史上罕见的、具有重要文化意义的电影导演，死得非常孤独。他正艰难地为自己下一部戏筹钱，最后因为心脏病发作，交通拥堵，救护车未能及时抵达，在自己的工作室去世。几小时以后，全国所有的媒体都报道了这一消息，受益于他的第五代导演们，都深深怀念吴导曾经给予的支持。

我最后一次和吴天明导演相会是2013年1月在巴黎的"第三届法国中国电影节"上，他是以演员的身份，参加《飞越老人院》的影片出席；我是因为三部影片《上海伦巴》《假装没感觉》《美丽上海》的放映而出席，这些都是我六年甚至八年前的老片子。

我低着头告诉吴天明导演："很难很难。现在找不到钱拍有意思的电影了。"

"几年没拍戏了？"

"五年多了。"

"拼命写本子，会有机会的。"

"抽屉里扔着太多写好的本子了。"

吴天明忽然大声地对着天空说："你就这么给我站着，谁他妈的都不要靠！求什么人啊，找不到钱，也不拍那些烂片！"

这里，我想起《纽约时报》对奥逊·威尔斯导演的评价："他一生的悲剧就是一个中古世纪的骑士的悲剧。就像塞万提斯笔下的唐吉诃德，威尔斯永远不合时宜。他向比他强大得多的体制挑战，结果必然遍体鳞伤。"

认识吴天明导演是20世纪80年代的时候，大家都投奔西影。那时候吴导演从日本东京电影节凯旋，他的《老井》以全新的面貌开启了中国农村片的创作，他当了厂长，大权在握。在北京看见他的时候，一群一群的人簇拥着他，根本找不到与他说话的空间和机会。这个北方汉子，我觉得我一点都不了解，我不敢挤进追随者的队伍里，开不了口请他帮助！

序　言

序　言

可是辉煌的日子不长，吴天明去纽约当访问学者，遇到了太多的问题。1989年9月1日我抵达纽约时，住在格林威治西村十一街的朋友家，离吴天明的住处只隔三条街。他住在洛克菲勒基金会的公寓里，在西十四街上。第二天晚上，我跑去见他。那时候再也没有人围绕着他了，他独自一人在空空的房间里，但是你看不见他的落魄，他依然满怀热情跟你谈着在纽约的经历。因为倒时差，从不熬夜的我，竟然和吴天明一直聊到凌晨四点才回到自己的住处。

那时候，他特别不愿意和我谈电影；那时候，是他的黄金时期，却不能拍戏了；那时候，我们围绕着话题胡说八道。但，他还是给了我一种力量，那就是他的坦然和自信。

记得1987年9月，中国电影发行公司在北京首次举办了中国电影展，向世界的片商卖片。全国各地的电影厂都来了，吴天明从西影拉来影片、宣传品，还有那巨大的海报板。他们从西安到北京，来来回回跑了四天四夜。他的嗓门走到哪里就响到哪里。转眼，我却在纽约看见了完全褪去光环的吴天明。

我再去看望吴天明的时候，只有一个简单的人造革大箱子，放在空荡荡的房间里。我问他："为什么要去加州啊？"

"还是想拍电影啊！"

吴天明还是那样意气风发，没有任何自艾自怜的感觉。他身上就是有一种生命力。

忽然听说他走了，我完全被惊住了。只有一年的工夫，怎么一个活生生、骄傲的吴天明就走了？他大声在那里跟你说："他

吴天明（左一）在美国

妈的，你就是什么人都不要求！"他不是在跟你说话，这是他的宣言。他就是这样直挺挺地站着，他在找钱的过程中没有少看别人的脸色，没少受气，但他依然是站着的。他什么都可以放下，唯独不放下他的原则，那就是他说的："找不到钱，也不拍那些烂片！"

低成本影片《百鸟朝凤》，几乎是吴天明导演对自己理想主义的回望，一个"西西弗神话"的表达。在第29届金鸡奖上，影片获得了评委会特别奖。这几乎是一个暗示，他就是一个骄傲的理想主义者，一个不合时宜的"唢呐王"。

序 言

我一直在思考着，吴天明那么骄傲，不是谁可以任意做到的。他的骄傲是本能的，经验式的，他并没有太多理想和成熟的思考，更多是下意识的。

骄傲，本身是一种能力，并不是什么脾气，更不是一种姿态。骄傲，是灵魂里的事情，是他的人生阅历、他的个性，是他对世界独立的判断和认识。他不是苟延残喘地活着，除了骄傲地面对世界，他别无选择。

（彭小莲，中国内地著名电影导演，以上海三部曲《上海纪事》《美丽上海》《上海伦巴》享誉海内外，本文有删减）

目　录
CONTENTS

引　言　/001

第一章　黄土地上走出来的少年才子　/002
　　坎坷童年　/005
　　埋下电影的种子　/009

第二章　风华正茂　牛刀初试　/012
　　《生活的颤音》—《亲缘》　从出手到受挫　/015
　　《没有航标的河流》开启自己的坐标　/019

第三章　光辉岁月　领航西部电影　/026
　　边缘化的西影　/029
　　从《人生》开始　/031
　　受命掌舵　锐意改革　/038
　　为西影掘出《老井》　/043
　　招揽人才东为西用　第五代导演的贵人　/050
　　影坛刮起了"西北风"　/061

第四章　赴美时光　不忘电影初心 / 066

　　落入困窘 / 069

　　电影初心不改 / 086

第五章　迷雾漂流　难舍中国电影 / 092

　　变脸？《变脸》！ / 095

　　从《变脸》到《黑脸》 / 104

　　用电影重建中国人的信仰 / 114

　　一位艺术家对社会的责任感 / 123

　　《首席执行官》到无言的结局《牛虻》 / 126

　　终身成就　实至名归 / 135

第六章　薪火相传　倾力中国电影 / 138

　　圆梦曲江？ / 141

　　匡扶新人 / 148

第七章　《百鸟朝凤》　大师绝唱 / 152

　　不变的电影情怀与信念 / 155

　　未竟的电影事业 / 160

第八章　永远的怀念 / 168

附录一　吴天明导演心得自述 / 182

附录二　吴天明艺术简历 / 208

后　记 / 211

引 言

　　他以赤子之心推动了中国电影发展,他是中国电影史上的标杆人物。

　　比起同时代的导演,吴天明作品不多,但每一部几乎都有里程碑的意义。从《人生》到《老井》,一直到《变脸》,他的十余部电影,获得了近七十个国际电影节的大奖……

　　他是中国第一位在国际上获奖的导演。他曾经是中国电影界叱咤风云、一言九鼎的人物。他当年缔造的"西影传奇",为中国电影注入了神奇的血液。

　　他是张艺谋、陈凯歌、田壮壮、黄建新、周晓文、何平、顾长卫等人的贵人。他是中国第五代导演的幕后推手。

　　"吴天明"这三个字,承载了中国电影太多的意义。

WU TIANMING
YISHU
HUAZHUAN

—— 第一章 ——

黄土地上走出来的少年才子

吴天明摄影作品

第二章　风华正茂　牛刀初试

《生活的颤音》—《亲缘》　从出手到受挫

1960年，吴天明考入西影演员训练班。两年后，训练班毕业，21岁的吴天明在西影演员剧团做了一名演员。他的第一个角色是在影片《巴山红浪》里扮演一个农村青年。然而，当电影演员并不是他对电影艺术的最高追求，慢慢地他萌生出做一名电影导演的念头。

《巴山红浪》海报

《红雨》海报

35岁那年,吴天明参加了电影《红雨》的拍摄,导演崔嵬教育他,当导演首先要做好人。1974年,吴天明进入中央五七艺术大学电影导演专业班(后为北京电影学院导演进修班)学习。1976年,他又进入该校导演进修班学习,结业后再次回到西影厂,先后担任助理导演和副导演。

1979年10月,标志着开创社会主义文艺复兴的第四次全国文代会在北京隆重召开,这一年也被许多人称为"文艺界春天真正到来"。对吴天明来说,则是他的导演生涯起步的一年。这一年,他和滕文骥联合导演了第一部电影《生活的颤音》。

老厂长田炜从"文革"前就对吴天明一直很关注,对吴天明的人品、艺术潜力是认可的。尤其"文革"中吴天明冒着挨批斗的风险,给予田炜等老同志力所能及的关照,更加深了二人的感情。

田炜本来就非常重视培养年轻人,在用人上也很大胆。当吴天明表达出拍电影的意愿时,田炜立即明确地说,只要你拿出好剧本,我就让你上。于是就有了滕文骥二十天写出《生活的颤音》一说。田炜冒着风险,顶着很大的压力支持了两个年轻人。也许如果没有田炜大胆的破格,就没有后来的吴天明,也就没有了崛起的西影,第五代也许会难产。《生活的颤音》是滕文骥的,但是挂着"联合导演"的吴天明也全力地投入了,并全力地支持了滕文骥!

影片以1976年"四五"事件为背景,围绕郑长河、徐珊珊与"四人帮"爪牙做斗争的主线,穿插两人纯洁美好的爱情,表现那个年代人民对总理的无限怀

第二章　风华正茂　牛刀初试

《生活的颤音》在摄制中

念和渴望正义到来的呼声。这部电影应该算是中国第一部有接吻镜头的电影，因为主演冷眉跟史钟麒一个接吻的镜头，很多人给中央写信，要求禁演这部"黄色"电影。幸逢"文艺界春天真正到来"之年，影片不仅没被封，还获得了文化部1979年优秀影片奖。

1980年前后，峨眉电影制片厂与青年电影制片厂分别出品了描写中日关系的《玉色蝴蝶》与《樱》，上海电影制片厂出品了描写中美关系的《庐山恋》，长春电影制片厂出品了描写大陆与台湾关系的《情天恨海》，中国电影在外交、两岸关系题材等方面作品不断。《亲缘》是授命之作。吴天明是以一个中共党员的身份接受了《亲缘》，而不是导演。作为导演他是拒绝接受的。既是任务，喜欢与否就不重要了。还是和滕文骥联合导演，只是身份调了个位置。

吴天明绞尽脑汁也改不出让自己满意的剧本。因为影片所要表现的东西离他太过遥远，又是敏感题材，限制太多，这对他无疑是一次残酷的刑罚。但还是硬着头皮上了。

不熟悉的生活，陌生的剧组同人，所以失败是必然的。这是从拿到剧本那一刻就决定了的。

电影《亲缘》耗费了五十万人民币拍摄，讲述了一位台湾女博士和大陆亲人、

《生活的颤音》海报　　　　　　　　　　　　　　　　　　　《亲缘》海报

爱人的故事，主要表现海外侨胞思乡的情感。虽然摄制组整整忙活了一年，但还是失败了。

《亲缘》是吴天明的，当然失败也是吴天明的。

当年在北京的看片会上，大家哑口无言，吴天明检讨说："国产片中不说是登峰造极，能与之'比美'的怕也寥寥无几。"首次独自担任导演，且费了九牛二虎之力，结果竟是一败涂地，他心头袭过一阵"出师未捷身先死"的悲凉。

这一次沉重的打击也让吴天明清醒地认识到：电影艺术的生命力在于真实，创作成功的关键是保持和发扬自己的优势。他深知这代价之昂贵，发誓要把巨额"学费"买来的教训转化为艺术的觉醒，创作出优秀的电影，奉还给观众。

《没有航标的河流》开启自己的坐标

1976年夏天,著名作家叶蔚林终于结束长达十二年的下放生活,从零陵地区文化局调回省会,被临时安排到省戏曲研究所工作。因单位刚恢复,没事干,他就写书,中篇小说《在没有航标的河流上》1980年9月发表在新创刊的《芙蓉》杂志上。小说一经发表,便好评如潮。

吴天明与叶蔚林(右)讨论剧本

吴天明在《没有航标的河流》拍摄现场说戏

吴天明与主演之一李纬（左）讨论剧本

1981年4月，《在没有航标的河流上》获得由中国作协举办的首届全国优秀中篇小说评奖一等奖第二名。几个电影厂都在争夺它的拍摄权，还为此派出了第一流的导演。

5月中旬在北京举行授奖大会。临散会头一天，京西宾馆叶蔚林的房门突然被推开，闯进来的人正是西安电影制片厂的导演吴天明。他先做了自我介绍，接下来没有一句客套话，直奔主题。他说自己准备将《在没有航标的河流上》搬上银幕，并请叶蔚林执笔改编电影剧本。

一个全国最不起眼的小电影厂，仅有一部失败之作的小导演吴天明，居然就这样拿到了拍摄权！后来叶蔚林回忆说："他那坦诚的胸怀，火热的激情，那对作品的深刻理解和将它搬上银幕的极度自信，深深打动了我。"

吴天明也说："我要通过《没有航标的河流》来重新找准自己的人生坐标，

第二章 风华正茂 牛刀初试

找准自己作为电影导演的坐标,我要证明自己是一名合格并且优秀的电影导演。"有了《亲缘》失败的切肤之痛,吴天明在拍摄《没有航标的河流》时提出,"要向国产电影的癌症——虚假开刀"。

在经历《亲缘》的迷惘之后,他努力认识自我,寻找新的创作起点。《没有航标的河流》的拍摄,融入了他真切的生活体验,倾注了他深挚的情感。但在20世纪80年代初期,改编这部电影也绝非易事。当时人们的思想还没有完全解放,有关反思"文革"的题材非常敏感。

小说故事发生在"十年动乱"时期,在潇水上,三个放排工驾着木排缓缓地漂流,为了排解愁苦,发泄怨恨,他们无休止地吵嘴、斗气、酗酒,生活很不容易。盘老五年过半百,尚未结婚,过着孤独的生活。三十年前,他曾有过一段爱情,但后来成了痛苦的回忆;在动乱的岁月里,他又无端受到坏人的批斗和辱骂。年轻的放排工石牯,眼看着自己的未婚妻改秀被区革委会主任李家栋逼迫嫁给别人。

《没有航标的河流》剧照

赵良人到中年,为了养家糊口,风里来雨里去地干着放排的艰苦营生,还要省吃俭用,抠下钱留待家用。然而,这些普通放排工的善良人性没有泯灭:改秀抗婚不从,逃上木排;盘老五冒着风险把改秀留在排上,成全石牯和改秀;为了营救在劳动监督中奄奄一息的老区长徐鸣鹤,他们献出了一切,甚至盘老五的生命……

一位副厂长看了吴天明拿回的《没有航标的河流》剧本之后,提了一百多条意见,足足和吴天明谈了三个小时,其中有这样一条意见:剧本中有一场戏是主人公盘老五当着众多农村妇女光着屁股游泳。这位副厂长说:这不好,这要改,你要给盘老五穿个裤衩衩。可是吴天明认为,这是主人公情感压抑的一种宣泄和迸发,就据理力争。但是副厂长坚持认为这样的镜头会污染银幕。后来剧组出发的时候,副厂长还追着剧组的车高喊:"天明,你要记着给盘老五把裤衩衩穿上。"最后吴天明想了一个折中的方法。他让服装师特意坐火车到上海买了几条当时只能在上海买到的女同志穿的尼龙连裤袜,拍摄的时候给男演员穿上。实际上,在银幕上根本就分不出来,但是最起码,他遵循了领导给盘老五穿上裤衩衩的指示。而这个镜头,也成了中华人民共和国成立以来的第一个男性"裸体"镜头。

《没有航标的河流》在摄制中

第二章　风华正茂　牛刀初试

《没有航标的河流》的拍摄过程同样艰苦。男演员大都来自城市，一般都比较白，电影上这种效果可不行；经过两三个月日晒水淋的放排训练，哪还需要化妆，全都晒暴了皮，黑黝黝的像泥鳅。有一个湖南小伙就是晒不黑，结果比别人还要多晒好几倍，眼瞅着身上一个个水泡，实在是太可怜了。为了获得真切的生活体验，吴天明带领摄制组日日夜夜漂浮在潇水上，与放排工一起经历风吹日晒、蚊叮虫咬。为使盘老五等人物形象更加血肉丰满，他突破了公式化、概念化，在揭示人物美好心灵的同时，不回避人物的缺点和弱点，力求真实地再现他们作为活生生的人的复杂性和丰富性。为使表现形式与影片中那些朴实无华的人物相协调，他在蒙太奇结构、场面调度、画面造型、光色处理、声音构成等方面，都与他的合作者约定"不耍花招"。他还特别注意细节的真实，影片中精心设计的用脚趾夹住铁丝、用裤腰扇凉、赤条条地游泳等动作细节，都在一定程度上渲染了人物的个性色彩，突出了人物的立体感。

《没有航标的河流》拍摄于1982年，完成于1983年4月，在当时无数拍摄"文革"、反思"文革"的电影中，具有非常独特的气质。影片围绕人民在逆境中抗争的故事，表现了那个风云变幻充满血泪斗争的时代一种自然、淳朴、含蓄、厚重的风格。影片在艺术上追求形式与内容的和谐统一，并注重运用细节描写来表现影片内涵，既加强了内容的真实感，又突出了深刻的寓意，业内好评如潮。这部电影"把个人与社会、人性和人情、哲理和诗情，交融构架成对十年动乱的多向反思，从而不落俗套，耐人寻味"。

《没有航标的河流》不仅获得了国家文化部1983年优秀影片二等奖，还获得了美国第四届夏威夷国际电影节东西方中心奖——伊斯曼柯达奖。这是西安电影制片厂的电影第一次在国际获奖，西影赢得了国际声誉。

作为艺术真实的典范，《没有航标的河流》被永远地载入史册。同时，该片的成功，增强了吴天明的自信，让他像是一叶在艺术海洋里漂泊的小舟，终于在电影的大河里找到了属于自己的理想的"航标"。从此以后，他将扬起风帆，义无反顾地前进。

WU TIANMING
YISHU
HUAZHUAN

—— 第三章 ——

光辉岁月　领航西部电影

吴天明摄影作品

边缘化的西影

1982年,是中华人民共和国第四部宪法的颁布之年,亦是中国的改革之年,也是建设有中国特色的社会主义的起始之年。这一年的中国电影,百花齐放。

当时,中国一共有十一个电影制片厂,其中长春电影制片厂、北京电影制片厂和上海电影制片厂是行业龙头。北京电影制片厂与国际制片厂商合作拍摄的《一盘没有下完的棋》、上海电影制片厂谢晋导演的《牧马人》、长春电影制片厂孙羽导演的《人到中年》,都在社会上引起极大的轰动,而远在大西北的西安电影制片厂则默默无闻。

导演滕文骥以"四五"运动为背景创作了音乐故事片《生活的颤音》,长达十六七分钟的小提琴协奏曲《抹去吧,眼角的泪》是片中最重头的音乐段落。作曲李耀东原本打算在西安本地完成音乐录音,当他找到陕西乐团的小提琴手排练过后,感到效果不佳,决定还是上北京,找不乏名家的中央音乐团。"我一到那儿,北京接待我的人一看是西影,态度不好,话说得也很难听。人家说你们西影的片子不行,给你们录会有损我们的声誉。"李耀东回忆:"说了很多好话,他们才勉强答应,但要先审我的总谱。而且将来片子拍出来,如果他们不满意,还要保留不给我们使用的权利,费用照付。"做了大量说服工作,对方才同意给半天排练时间,"其实就是看不起西影"。

在北京碰过壁的不止李耀东。当时西影厂厂长是田炜，从1964年开始接任第二任厂长，《生活的颤音》开拍那年，他到北京参加电影局的会议，坐在后排，一位局领导热情招手让北影厂厂长坐到前排，田炜却被冷落一旁。脸上无光的田炜对身边的青年导演颜学恕说："北影厂有四大导演（崔嵬、水华、凌子风、成荫），连局长也不敢小看。什么时候你们能争气，拍出好片子，让我也不被小瞧？"

《西安事变》导演在拍摄现场指导

几乎每个西影厂人都会谈到"箱子的故事"。有段时间，西影厂的拷贝数量排在全国倒数第一，职工很自卑。垫底让制片主任上街都刻意把盒子上"西安电影制片厂"的字样盖住，生怕被人看到。直到"文革"结束，时任西影厂厂长田炜主导了变革，促生出《生活的颤音》《西安事变》等影片，才让西影厂地位有所改观，也培养了一批电影人才。但不久后，田炜因胃癌去世，西影接连换了几任领导，一直未有大的起色。

从《人生》开始

1982年，路遥发表了中篇小说《人生》，一时洛阳纸贵，轰动全国，反响热烈。当吴天明读完路遥的小说《人生》时，感到一种从未有过的亲切和激动。小说引出他万般思绪，与黄土高原交织在一起的童年生活，一幕幕浮现在他的眼前。他从心底涌出一股强烈的愿望，要把小说《人生》拍成电影。

吴天明与路遥（左）

《人生》在拍摄中

然而，小说《人生》的剧本早已被上海电影制片厂拿去了，而且还是一位资深导演。于是，他再一次产生了竞争的念头。他怀着"征服"叶蔚林时的激情和自信，找到了路遥。

吴天明表达了自己的想法，小说写的是陕西，是他熟悉的黄土地上的事，只有把外景地放在陕北黄土高原上，并且由他来拍，才能真正发掘小说内在的光彩。也许是有着极其相似的人生经历和情怀，两位同时代的精英一见如故。之后，路遥颇费了一番周折，将《人生》的拍摄权交给了吴天明，并亲自改编电影剧本。

路遥曾在《关于电影〈人生〉的改编》后记中说：电影《人生》不仅要有"土味"，也要有"洋味"，使"外族"人也能毫无障碍地接受和投入。无论怎样，只有把自己熟悉的本民族的东西真实地、艺术地、丰富多彩地表现出来，作品所流露的一切才可能使世界上更多的人有所理解和感受。

路遥的观点得到了吴天明的认同。他的影片，围绕这样一个新旧交替时期，展现了像高加林一样的当代农民的命运，反映了他所处的环境的各种复杂矛盾，

与路遥（右）讨论剧本《人生》

《人生》获百花奖最佳影片、最佳女演员奖

电影《人生》剧照

第三章　光辉岁月　领航西部电影

以及对当时各种社会思想的深刻思考。影片中的高加林由 20 世纪 80 年代著名电影演员周里京扮演，巧珍由当年的影坛新秀吴玉芳扮演。吴玉芳感情真挚、细腻，尤其是巧珍唱歌的画面可以说是银幕上的经典。同时，由著名演员高宝成扮演的德顺爷爷娓娓道来的那一段老一辈人的爱情，更是把陕北高原古朴的风土人情很好地呈现给了观众，也留给观众一批有生活质感、性格鲜明的人物形象。吴玉芳这位上海女演员也因成功扮演了纯真善良的巧珍，获得 1985 年第 8 届大众电影百花奖的最佳女主角奖。

一花独放不是春，万紫千红春满园。1984 年初春，吴天明应山东枣庄群众影评组织的邀请，携带刚完成的影片《人生》及男女主演周里京、吴玉芳前往枣庄出席影片的座谈讨论。

彼时《人生》尚未公开上映。在整整两个下午的座谈会上，他极其认真地聆听每一位与会者的发言，也分享了自己的创作体会。当时枣庄还是一个尚待开发，经济、文化都比较滞后的小县城，此项活动并不为媒体所重视。有记者问吴天明，《人生》拍得很出彩，干吗不拿到上海等大城市去造声势？吴天明回答得很干脆："你是从上海来的。你要知道，这里的老百姓能看到一部像样的影片，就像过节一样兴奋。而且这里的观众、群众影评说话不带转弯抹角，发言实在，好坏不留余地，你能听到真实的贬与褒。"这部描写黄土高原上城乡交叉地带青年人的生活、爱情、理想的影片，在全国上映后引起轰动，好评如潮，吴天明一举成名。

1985 年 5 月 23 日，第 5 届中国电影金鸡奖在成都颁奖。当天下午，四川大学有一场《人生》的露天公开放映。谢飞、吴天明赶了过去，台下聚集了约一万两千人等着看片，却不想突降暴雨。令人意外的是，一个观众都没走，人们在大雨中观看《人生》，被电影感动不已，一直看到天黑。观后，人们还意犹未尽，怀着激动的心情大声喊着："电影万岁，《人生》万岁！"当《人生》摄制组登上主席台时，操场上响起了海潮般的欢呼，吴天明顿时洒下了激动的泪花。他说："黄河和黄土高原是中华民族的摇篮，是中原文化的发祥地。我为有这样的故乡而感到自豪。我要在创作上保持和发挥自己的优势，把根深深地扎在这块土地上。"

吴天明和电影《人生》主演高保成、吴玉芳、周里京等在一起

在当时，影片拍摄手法上有些先锋，吴天明通过远景全景使画面高远空旷，拍出了大西北独特的气势，把人情、乡俗、诗意、哲理等从从容容地展现在银幕上。影片不仅获得了1985年大众电影百花奖最佳故事片和最佳女主角奖，并于同年获得了电影金鸡奖最佳故事片和最佳作曲奖。双料奖的获得，不仅是对吴天明的巨大鼓励，也是对这批电影人努力的一种肯定。

在盛大的记者招待会上，吴天明没有讲《人生》的创作经验，而是结合影片的不足，诚恳地剖析了自己社会观念上存在的矛盾。他说："由于我太爱影片中的那些人物了，因此，对他们身上落后、愚昧的东西缺乏理智的分析，尤其是对巧珍过于偏爱，不忍心给她涂抹任何一点瑕疵。我曾说过，娶老婆就要娶巧珍。这就使影片增加了在感情上谴责高加林的因素，未能完全脱出'痴心女子负心汉'。我深深感到对生活认识能力和理解能力的浅薄，而这种能力正是导演功力的主要内涵。作为生活在我们这个新旧交替时代的普通人，我和许多文艺工作者一样，不能不受到时代的局限。但是，为了创作出推动社会前进的艺术，我意识到必须对自己的观念来一番革命，使其与时代的前进同步。"

当然也有人批评《人生》中城市的戏苍白无力，吴天明心悦诚服。他说，这主要是因为自己对城市的感情不如农村深厚的缘故。虽说不是一部完美之作，却闪烁着独特的个性光彩。这个性就是导演浓烈的真诚表达，而真诚正是艺术家最可贵的品质。《人生》因其情感的挚诚深深地征服了观众，以至人们对影片思想和艺术上的某些明显缺憾，也表示了谅解与宽容。

受命掌舵　锐意改革

在《人生》的拍摄过程中，吴天明的人生也发生了巨大变化。1983 年，中共陕西省委组织部到西影厂进行了数次民主测评，选拔新一任厂长，最终吴天明得票最多。同年 10 月，在陕北拍《人生》外景时，44 岁的吴天明突然被任命为西安电影制片厂厂长，而此前他从未担任一官半职，只是一个普通的导演而已。

接手西影厂时，摆在吴天明面前的是一个问题成山、百废待举的西影：领导层老化，从业人员素质差，管理混乱，纪律松懈。而最让人泄气的是，当年西影厂拷贝发行量全国倒数第一。

有着诗人性格的吴天明，一上台就发表了震动人心的就职演说。他的口号是："我们要让别人对西影厂刮目相看。"有人说，吴天明牛吹得太大，悄悄干就得了，何必提这些咄咄逼人的口号，万一将来搞不好，看他怎么收场？！吴天明说："我大话不愿说，牛皮不敢吹，说出的话是决意要兑现的，从来没想过给自己留退路。当众讲出来，就逼得我只能背水一战，即使面前是刀山火海，也得朝前蹚。"

他这样孤注一掷、敢说敢干的性格，常被人说成"不成熟""老天真"。但事实证明，吴天明后来完全兑现了自己的诺言。多年后，在接受央视《流金岁月》采访时，他还不无得意地回忆以前电影厂长开会，西影老厂长总是坐在旮旯处，而他是如何坐到了主席台上的。

第三章 光辉岁月 领航西部电影

从小和父母经历过动荡,少年时成为机关大院里的孩子王,加上日后三十多年人生历练,让吴天明果断地判断出他的理想和西安电影制片厂的问题及出路所在,然而他感受最为深刻的东西,还没有被有规模地表现出来。

他当时带着《人生》剧组远在银川,路遥也在。吴天明问路遥,这个厂长怎么当?西影厂一千七八百人,加上家属六七千人,这可咋办?18岁就当过县革委会主任、很有政治家素质的路遥告诉他,回去后一个月不说话,上午睡觉,下午开会,让他们汇报工作,晚上接着拍戏。

吴天明这么坚持了一个月,得出的结论是,中层干部平均年龄太大,管理层太过老气。于是召开大会,大刀阔斧地宣布将所有中层干部免职,优先提拔年轻人。这次大动作中,邹人倜被提拔为特效车间主任,35岁的柏雨果从宣传处干事提拔成了新成立的宣传发行处处长。

吴天明免掉了所有的副厂长,仅从各部门提拔了四个厂长助理,分管宣传、对外媒体发行、国内外结算、洽谈协议、日常管理和剧本筛选与生产制作。这四

吴天明(中)、贾平凹(右)、柏雨果(左)

吴天明与黄建新（右）

个人被西影厂人称作"四虎将"，柏雨果是其中一员。

"当时这个班子特别朝气蓬勃，但压力也非常大。"柏雨果回忆，后来《老井》开拍，厂党委会和厂长办公会，几次都安排在《老井》外景地吴天明住的农家小院的热炕上。

有了一个强劲稳固的领导班子，吴天明开始有条不紊地打起了组合拳。不仅自己要做表率，也要培养出新人来。"吴天明的思路非常明确，他就是主动出击，希望能快速培养一批新人，改变电影制片厂管理的模式，将政府模式下的文艺衙门改成创作基地。"柏雨果说，最多时有一百多名年轻职工出去进修，有些部门外出进修的人较多，在厂里上班的人便主动承担起全部工作，这样西影厂在极短时间内便拥有了一个年轻、完整、成熟的创作团队。

鼓励年轻人放手去搏，引进新思维，拍有时代特色的影片。

同年，青年导演黄建新被送到北京电影学院进修一年，回到厂里吴天明就直接让他独立拍片，也就是《黑炮事件》。但这部片子送审时被找出一百多个问题。当时他们压力很大，回去怎么交差？吴天明打电话说回来吧。第三天召开全厂干部大会，吴天明就说了一段话："《黑炮事件》是我让他们拍的，我喜欢，现在没通过，责任跟他们没关，所有的责任在我。"黄建新的眼泪瞬间就掉下来了。

起用这些年轻的导演必定会遇到重重阻力，本来就为数不多的电影名额有的还给了外来户，因此也得罪了不少厂里同辈的老同志。有些老导演找到吴天明希

第三章 光辉岁月 领航西部电影

吴天明与当时的中影公司签订新的发行结算合同

望得到拍电影的机会,有一个很老的导演甚至给他跪下了。吴天明二话没说,也给他跪下了。后来,吴天明说:"这些人几十年拍不出一部好电影,现在还想让我花钱,让他再糟蹋,没门儿。我宁愿把钱给年轻导演,他就是拍坏了也能长点经验,我给那些老导演能长个啥?"当然,吴天明的大公无私和尊重人才,始终把创作放在第一位,赢得了大部分人的理解和支持。从1983年10月8日陕西省委任命吴天明为厂长之后,从一两年的编年纪事可以看到,他作为西影厂厂长的作为:

1983年12月19日,召开厂务会议,评选先进,晋升一级浮动工资,并设立发明革新奖。

1983年12月30日,开厂务会议,鼓励职工报业余大学进修,并报销学费和交通费以及自行车保养费。

1984年2月13日至14日,召开厂务会议,规定导演可以带着剧本和摄影、美工一起下生活,以提高剧本质量。

1984年2月21日,召开厂务会议,规定每部影片的经费要抽取一万块给宣传发行科支配,增加宣传力度。

1984年3月5日至15日,召开1984年度创作会议,钟惦棐、刘宾雁等人来做专题学术报告。

也许正是吴天明个人的努力和改革所取得的成绩,1984年7月,陕西省政府批准西影厂为厂长负责制试点单位。

除了好的政策,吴天明也给西影带来了可靠的收益,而不拘一格选拔人才更是为之后西影厂的"井喷"打下了基础。

对于一个人来说,一生中可能只会有一个最为辉煌的瞬间——那就是他事业的顶点。要规模化必须大胆改革,要改革就要得罪人,就要触动一些既得利益。最高纪录时,省里一年派了三个工作组调查吴天明的经济问题。但他就是这样性格的一个人,一辈子都不懂审时度势、趋利避害,这为后面无端的诬陷也埋下了种子,这是后话。

第三章　光辉岁月　领航西部电影

为西影掘出《老井》

1985年的《当代》杂志，出版了山西作家中篇小说专号。一次偶然的机会，他读到了作家郑义的中篇小说《老井》，激动得吴天明一夜没合眼，他仿佛看见了那里流动着西影的源泉。

故事发生在太行山深处，老井村祖祖辈辈打不出一眼井，老年人把打井的希望寄托在年轻人身上。容貌俊秀的农村姑娘巧英，高考落榜后回乡务农，她热恋着同村小伙子孙旺泉。旺泉把全部精力

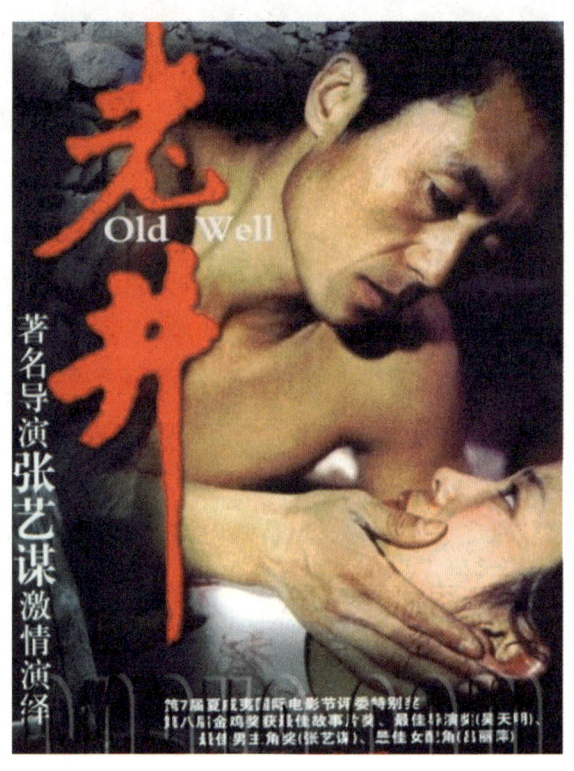

《老井》海报

吴天明（右三）、演员张艺谋等在《老井》外景地

都投在打井上，他带领巧英、旺才等年轻人风餐露宿，终日颠簸在群山之中，老井村历史上第一口以科学方法测定的井位终于破土动工。经历千辛万苦，井，终于出水了。村民们集资刻了一块石碑，石碑上镌刻着"千古流芳"和《老井村打井史碑记》，刻上了老井村几百年来为打井而死去的一长串祖辈的名字，让这种坚忍不拔的精神千古流芳。诗人气质的吴天明再次提出了一个自励口号："用《老井》超越《人生》！"

　　为了完成这一难度很大的作品，他两次专程前往北京召开座谈会，邀请电影界、文学界的专家们就《老井》从小说到电影的改编以及未来影片的形态提出宝贵意见，再顶着炎炎烈日前往太行山区，了解和体验当地农民贫困缺水的情形。头天晚上还在天津的摄制组外景地听取汇报，第二天中午已坐在北京西单影评界前辈钟惦棐家的客厅征求意见；深夜还在黄健中家与朋友就《老井》的创作进行切磋，清晨又匆匆飞回西安。

第三章　光辉岁月　领航西部电影

吴天明在《老井》海报前的留影

吴天明在《老井》中客串县委书记

张艺谋在《老井》片场体验生活

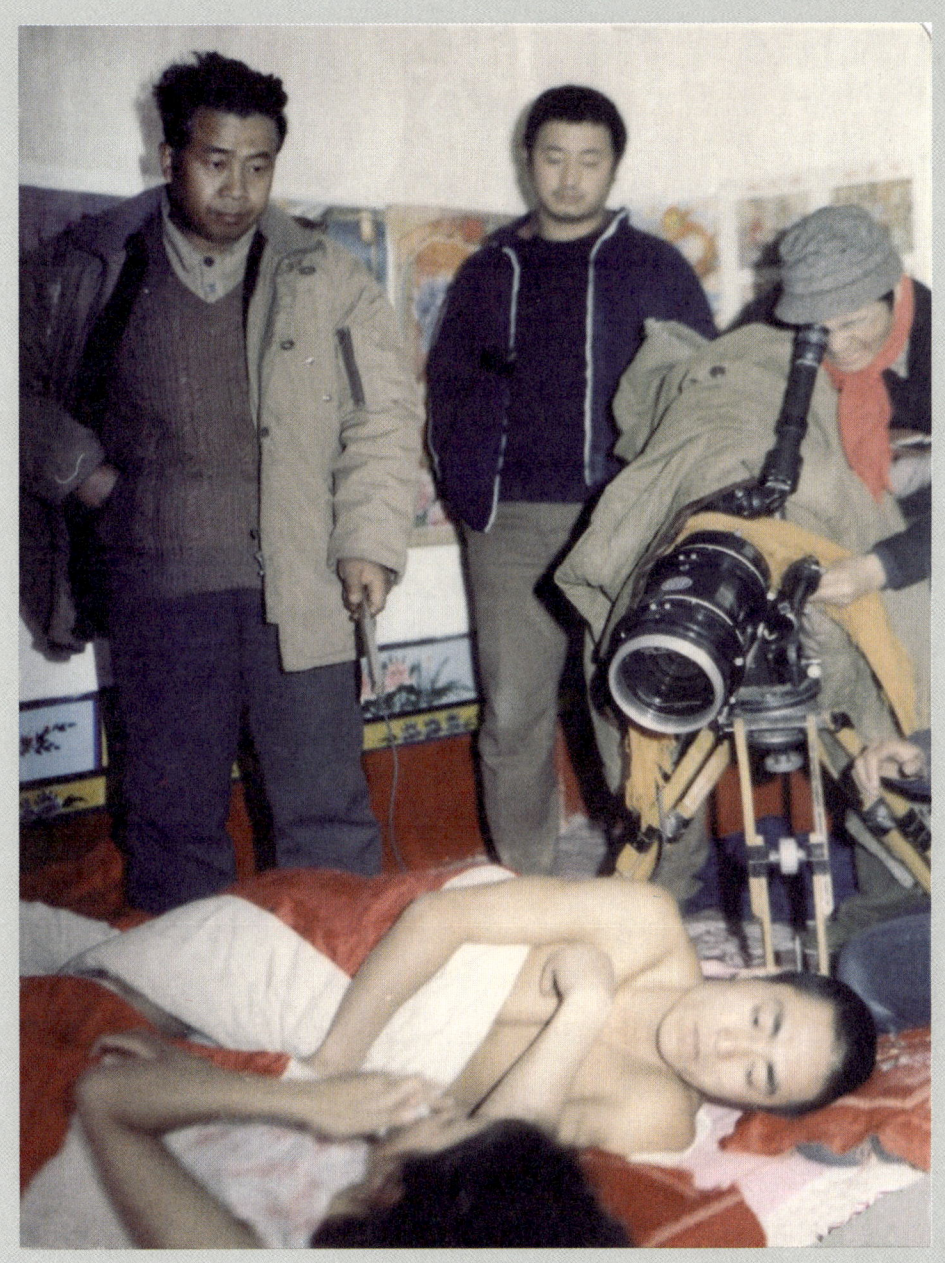

《老井》拍摄现场

《老井》外景地

  他请来当时刚刚荣获第 5 届金鸡奖最佳摄影奖的张艺谋担任《老井》摄影师。在寻找饰演孙旺泉两个多月也没有合适人选的情况下,一向胆大的吴天明,觉得张艺谋倒是符合孙旺泉的形象,他干脆让没有学过表演的张艺谋顶上。据说当时张艺谋的压力很大,为了演好这个角色,他体验了两个半月的农村生活,每天从山上往农民家里背一到三块大石头,重达一百五十斤以上。到演戏的时候,他已经皮肤黝黑,减了二十二斤的体重。当然张艺谋也得到了很好的回报,最终凭此片的表演夺得东京国际电影节最佳男演员奖。

  影片在色彩处理上,吴天明曾设想拍成黑白片以体现强烈的陈旧感和木刻般的严峻,但最终遵从现实,选择了具有强烈对比的极鲜艳的色彩,追求农民画的风格,"表现一出灿烂阳光下的壮美悲剧"。最后全片近七百个镜头,几乎都使

第三章 光辉岁月 领航西部电影

用水平机位,没有一点花哨的表现方式,摄影机始终扮演以冷峻目光观察沉重生活的角色。

后来人们在评价电影《老井》时一致认为,电影除了演员的表演细腻、真实、准确,导演还运用强烈对比的极端鲜艳的色彩,增添生活感。同时摄影和美术又给影片以悲剧性的诠释,实现了导演的意图。这部况味深长的《老井》传达了几代人围绕打井的命运沉浮、现实生活的变迁,表现了深邃、古朴、进取的民族精神。

吴天明《老井》的探索是成功的,此片获得中国电影金鸡奖、百花奖等七个大奖,并斩获日本东京国际电影节三项大奖,成为第四代导演中探索电影的力作。

影片公映后不久,《文汇电影时报》意外收到影片拍摄地老井村全体村民一封长达一千多字的感谢信,题为《天明,你真好》。信中说到,在拍摄期间,吴天明几次三番跑到镇上、县里,向上级领导诉说老井村没有一口井的缺水现状和无电可用的艰苦环境,苦苦游说要来了五万元,又领来扶贫工作组、水利技术员。困难户揭不开锅,吴天明用自己的钱买来玉米、白面,冒着大雨挨家挨户地送去。临离开村时,他还动员摄制组全体成员将口袋里所剩的钱全部留下。如今村里打出了井水,架设了电线,用上了电,村民们发自肺腑地感激他,电影里的理想,也真正照进了现实。

"从《没有航标的河流》到《人生》《老井》,吴天明的电影总体上反映了一位导演对乡土中国、文化中国的深沉思考。"青年电影学者聂伟说。

当时的《电影画报》给了《老井》很高的评价:"镌刻的《老井村打井史碑记》,似乎是一部中华民族发展史的缩影。吴天明的导演风格凝重、厚实,他的作品中既融注了中国传统文化的营养,又充溢着新的艺术方法。《老井》这一部沉甸甸的现实主义力作,通过一个村庄的打井事件,集中显示出中国西部片的风格特色,是一部真正的现实主义经典之作。"

招揽人才东为西用　　第五代导演的贵人

　　1987年9月的一天，中国电影发行公司在京举办首届中国电影展，规模空前，许多国家的购片商都来了。各家电影厂纷纷拿出绝活，组织各种展片活动以促成与各国片商的业务合作。不知怎么回事，由西影厂投产、陈凯歌导演的影片《孩子王》未列入参展影片的正式片目，但这部影片事先在国内放映反响不错，许多外宾要求观看此片。这天是星期六，西影厂宣发处一位工作人员未经中影同意，在中影公司大楼外的墙壁上张贴放映布告，遭到中影工作人员的阻止，将海报撕下。吴天明正在太平庄远望楼用午餐，他闻讯后，立刻放下碗筷，直奔中影公司。外宾们都在办公楼外广场上一顶顶遮阳伞下吃午饭，吴天明双手将一张用英文书写的《孩子王》放映布告高高举起，依次走到每一顶遮阳伞下，让外宾们仔细看清楚。直到外宾看完布告内容之后说"谢谢"，他才走到另一顶遮阳伞下。

　　9月的北京虽已入秋，中午仍骄阳似火。因活动带有国际性，与会者大多西装革履，吴天明也穿着笔挺的黑色西装，打着领带，被晒得汗水直流，白色衬衫领子已经湿透，他却长时间奔走在正午的烈日下。为维护西影厂的尊严，为争得《孩子王》正当的宣传放映权利，让陈凯歌的才华不被淹没，血气方刚的吴天明做出了如此"出格"的举动。此时，陈凯歌悄悄站在远处，眼里充满泪水。事后陈凯歌动情地对吴天明说："头儿，我一辈子不说要对你怎样，看行动吧！我绝

吴天明（中）和巩俐、张艺谋

张艺谋、法国影星拉芳、吴天明、巩俐（左起）

陈凯歌、吴天明、谢园、顾长卫（左起）在第41届戛纳电影节《孩子王》记者招待会上

不做任何对不起你的事情，在你有难处的时候，我会全力以赴帮你，不为别的，就冲着你这个人。"

《孩子王》在影展上放映后，外宾们反映非常好。影展期间，西影售出影片部次占影展全部成交额的近三分之一，其中《孩子王》居第一位。在以后的日子里，《孩子王》不仅获得金鸡奖导演特别奖，还荣获了戛纳国际电影节大奖。在集体狂欢的气氛中，"第五代"成名了。1988年8月20日，在深圳举行的双奖会（中国电影第8届金鸡奖、大众电影节第11届百花奖）上，西影厂一共获得十五座奖杯，其中十一项金鸡奖。吴天明被任命为西安电影制片厂厂长七年间，培养、扶植了张艺谋、陈凯歌、黄建新、周晓文、颜学恕等一批优秀的第五代导演。西影厂迅速崛起，相继出品了《红高粱》（导演张艺谋）、《黑炮事件》（导演黄建新）、《盗马贼》（导演田壮壮）、《野山》（导演颜学恕）、《疯狂的代价》（导演周晓文）、《棋王》（导演滕文骥）等一系列杰作。

扶持人才，推出作品，市场火爆，海外拿奖，中国影坛出现了"西部电影"神话，中国导演中最具实力的第五代导演，正是从西影崛起的。

第三章　光辉岁月　领航西部电影

吴天明用电影把使命、情怀、理想变成了现实，引领一个时代的电影风尚；他把中国电影批量式地推出了国门，让世界领略了中国电影的魅力、电影人的才华和风采，并提携和造就了一大批电影精英。有了吴天明，西安一度成为"第五代"的"延安"。当时何平被引进到西影厂后，甚至把自己的户口也迁了过来，以表示自己的决心。有了年轻导演的加入，西影厂的拍摄主题也迅速从西部片扩散开来，变得更加多元。

"在（20世纪）80年代初，要做到这一点真是很不容易。"电影研究学者石川说。在当时，像张艺谋、陈凯歌这样的导演，如果放在上海电影制片厂，根本就不会有机会拍片，当时上影光是名导演就有四五十个，怎么轮都轮不到他们。

"对于这些年轻导演，吴天明的态度是无条件地完全支持。" 1988年曾到西影厂调研的作家马治权说。当时张艺谋拍《红高粱》，提出的许多条件吴天明二话没说就答应了，黄建新在拍《黑炮事件》时也是如此。

《老井》在东京电影节获奖后，吴天明把金麒麟奖杯带回家，与家人一起分享喜悦。左起：吴天明、吴继明、吴天明母亲、吴天明夫人穆淑兰、吴天明女儿吴妍妍等

吴天明与巩俐在巴黎（1987）

吴天明与张艺谋在意大利萨尔索国际电影节（1988）

第三章　光辉岁月　领航西部电影

20 世纪 80 年代，最重要的电影人是"南吴北吴"——上海的吴贻弓（他同时作为电影厂领导和创作者）以及西安的吴天明（也同样具有电影厂领导和电影导演的双重身份）。兼具领导和执行者的双重身份，吴天明该如何建设西影厂？

吴天明的主要措施是设置大力度的奖励制度，加强人才建设。早在 1984 年吴天明在陕北为《人生》拍外景的时候，张艺谋、陈凯歌、何群三人来找他，说是给《黄土地》采景，没有钱了。他当时不认识他们，但是三个人找过来说饿得不行，吴天明就赶快给他们备饭，让摄制组拿了两三千块钱给他们，又把剧组一辆吉普车给他们用了一个多星期。"吴天明当时就跟张艺谋说，能不能拍完《黄土地》之后，帮西影厂也拍一部戏。因为都是陕西人，张艺谋当时就爽快地答应下来，这才有了之后的《老井》。"柏雨果回忆。

"西影厂能后来如此辉煌，不仅仅是吴天明厂长的求贤若渴，还在于其开明、开放的管理制度和制片制度。吴天明在公共发言时，仍然在毫无掩饰地批评当下的电影制度和思想体系。"

1984 年 3 月 5 日，西影召开年度创作会议，吴天明邀请了包括钟惦棐、郑洞天在内的一批专家到西影厂来研讨。座谈会上，钟惦棐看了《人生》的样片后非常激动，尤其对包着白羊肚手巾的陕北老农特别钟爱。

"当时钟惦棐就提出，我们西影应该发扬西部的地理和人文优势，拍摄出一批有西部特色的电影，这也是西影的使命。"柏雨果说。当时，这些话把吴天明一下给点醒了。

"我们马上就开始研究西部片怎么拍，怎样才能反映中国大西北这块黄土高原上普通老百姓的喜怒哀乐，他们人生的境遇和生命状态。但是这些东西该怎么起步？如果你要拍这种西部片，你必须得培养你的创作人员、业务人员，对这块土地要了解，有感情，不然你怎么拍？"吴天明在接受中央电视台《面对面》采访时曾这样谈道。

"当时来不及也得培养，除了那些上大学的，我们创作人员每年组织一两次

第三章　光辉岁月　领航西部电影

名作迭出，屡获大奖

采风，沿着黄河一路往上，了解风土人情，搜集民歌。这个活动搞了两三年以后，大家对这个题材慢慢开始有兴趣了。至于创作力量不够，我就从外头借，像田壮壮、陈凯歌、张艺谋这些都是别的厂培养好的，有了苗子，干吗不用，都请来。"

1986年，颜学恕导演的《野山》上映，好评如潮，有评论家甚至认为超过了《人生》。吴天明听到这个消息后非常激动，召开全厂大会请颜学恕谈创作体会。颜学恕考虑到厂长的心情，对该片与《人生》的比较避而不谈。吴天明不以为然："说《野山》超过了《人生》，我吴天明就丢脸了？如果将来有了超过《野山》的片子，你颜学恕就丢脸了？扯淡！这说明我们西影在前进，不是个人之间争高低，艺无止境，只有傻瓜才不承认别人的长处。"这种提拔新秀的努力绝非孤例，从中我们可以看出吴天明光明磊落的人格和一心为公的风骨。

对于从摄影、演员开始电影艺术生涯的张艺谋来说，如果不是幸运地遇到识才爱才的吴天明，为他一一解决生活的后顾之忧，他的今天很可能是另一种状态。

吴天明等西影创作人员与台湾、香港电影界朋友们聚会

第三章　光辉岁月　领航西部电影

获得第 8 届中国电影金鸡奖最佳导演奖的吴天明

吴天明（左）与格里高利·派克（中）同桌就餐

《红高粱》在拍摄中

　　1983 年，吴天明在拍摄《老井》时，张艺谋说自己想拍莫言的《红高粱》，吴天明说，等我这个戏拍完了，你再去。

　　《老井》做后期的时候，张艺谋就和摄影、录音以及副导演跑到山东转了一圈，回来后告诉吴天明，莫言小说里写的高密，几十年都不种高粱了，如果电影秋天开始拍摄，现在就得种。吴天明一听，立即叫来主任，凑了四万块钱当场交给他。

　　吴天明的鼎力支持，成就了张艺谋的艺术人生。1988 年，《红高粱》获得第 38 届柏林国际电影节金熊奖，成为首部获得此奖的中国电影。电影《红高粱》大获成功之后，张艺谋说自己暂时来不了西影，能不能先把他爱人调到西影厂来。吴天明爱才心切，一路绿灯，加之因为《老井》的合作，觉得应该帮他一把。在张艺谋没有调到西影之前，吴天明就先把张艺谋爱人从兴平调到西影厂来，安排在图书馆工作，还分给她一套两室一厅的房子。后来广西电影制片厂不放张艺谋走，吴天明却托人给张艺谋带话："你可以随自己的心愿为任何厂拍片，我等你一辈子！"

第三章　光辉岁月　领航西部电影

影坛刮起了"西北风"

吴天明上任两年后，西影厂的影片拷贝发行量由1983年的全国最末跃居到第一，利润两年翻了两番。面对崛起的西影，上海发出"西望长安"的惊叹，北京传出了"中国电影的希望在西北"的声音，"东吴（贻弓）西吴（天明）"之说在中国影坛广为流传。但在吴天明看来，当时的西影厂既要生产"要钱的"，

1985年，西影工作人员与来访的苏联电影代表团合影，前排左二为吴天明

《最后的疯狂》拍摄中

也得生产"要脸的",要在国内国际争到西影厂的一席之地。

在1985年西影创作总结会上,吴天明给创作人员提出一个任务:在不丧失电影艺术品质的前提下,大胆探索电影的商业性。"那时还没有提'类型'这个概念,但是他把'商业性'作为一个课题,摆在了我们面前。过去不太敢提商业性,因为是资本主义的东西。哪像今天,商业性成了上帝,当时它是电影人的地狱。"周晓文说。而周于1987年执导的警匪片《最后的疯狂》也是日后成为中国著名编剧芦苇参加的破题之作。

从1984年开始,西影作品井喷。同年1月,西影在净利润比上年增长38%的佳绩上开局;3月出品的《人生》《野山》获新时期十年电影最佳故事片奖,吴天明凭借《人生》获导演荣誉奖,孙飞虎、许还山获男演员荣誉奖;10月,吴天明执导的《老井》在东京国际电影节获最佳影片大奖,主演张艺谋获最佳男演员奖,这是当时中国电影在国际电影节斩获的最高荣誉。而电影《黑炮事件》成

第三章 光辉岁月 领航西部电影

《疯狂的代价》拍摄中

为中国影坛当年最轰动的"事件"。

1987年，《最后的疯狂》卖出三百多个拷贝，终于让西影扬眉吐气，尝到了一回当票房老大的滋味。金鸡奖当年还为此片专门设立了一个特别奖作为鼓励。

《最后的疯狂》剧本并非出自芦苇，他主要负责修改。影片大获成功之后，他成为"疯狂系列"第二部《疯狂的代价》的编剧。在芦苇看来，"这两部电影，是改革开放以来最早，也是迄今最成功的警匪片"。

"疯狂系列"成功之后，芦苇在厂里偶遇吴天明。"他是厂长，我当时的身份其实还只是一个普通的美工，不是编剧。作为一个普通职工，我跟他没打过交道。"吴天明喊他：你来我办公室。一进屋，吴天明开门见山："芦苇，你小子不错，下面有什么工作计划没有？你只要想干，我就支持！""我想去西北，下去体验生活，找找素材。""好！你需要多少钱，一千够不够？"芦苇回忆，一千块当

西影创作人员在国际影坛亮相

吴天明在巴黎街头为影迷签名

第三章 光辉岁月 领航西部电影

时是很大的一笔钱。"我都不敢要,我说五百块就够了。后来的《双旗镇刀客》和《黄河谣》,都跟这次体验生活有关系。"

吴天明后来跟芦苇说,"五百块,出来个编剧,太便宜了!"当然,更大的惊喜还来自于他花四万元在山东高密种下的那片高粱,和他顶着重重压力扶上导演席的摄影师张艺谋。这部由《九九青杀口》更名《红高粱》的新片,在西柏林(当时东德、西德尚未统一)获得了最佳影片金熊奖,在国际影坛和文化界引起轰动。西柏林《每日镜报》评论说:"影片一开始像一首悲壮的叙事诗,很快又变成一群酿酒工人的粗野恶作剧,同时观众又看到一个女人解放的经历,最后影片以一场血腥的战斗为结束,成为一首歌颂自由的史诗。"

在西影厂电影的引领下,西北的音乐(包括流行歌曲)、美术、文学,与电影一起,在全国刮起一股强劲的西北风。国际上一提到中国电影就是西影,就是吴天明。

在如日中天的荣誉中,也暴露了吴天明缺乏现代电影所需要的科学严密的管理思维。吴天明要承先启后,要改革,要艺术上的创作,还要面对一群复杂的人事。在上任的五六年间,一些主创人员与个别中层干部任用的草率,给厂里带来了损失。有两部影片完成后却没能通过审查,一部影片中途停机,项目取消,加上个别管理干部违法、受到法律制裁,等等,这些不仅给作为厂长的吴天明带来了负面影响,也成为日后反对派作为话柄和攻击的主要事实。

WU TIANMING
YISHU
HUAZHUAN

—— 第四章 ——

赴美时光　不忘电影初心

吴天明摄影作品

第四章　赴美时光　不忘电影初心

落入困窘

随着西影在国内和国际声名鹊起，1989年5月，吴天明以中国著名导演、电影制片人的身份应邀赴美讲学。在吴天明大刀阔斧推行其"新政"的同时，确实触碰了一些人的利益，也伤了一些西影老领导、老职工的心。这些问题与矛盾，在当时都被四面八方涌来的金灿灿的奖杯与荣誉掩盖了。1989年8月，在深圳体育馆举办的第8届中国电影金鸡奖、第11届大众电影百花奖授奖大会上，西影厂的影片几乎将所有奖项纳入怀中！是年，陕西省委、省政府为西影隆重举行了庆功大会。省委书记、省长等几乎所有在家的省领导悉数出席，并在会上宣读了"扶持西影十项优惠政策"。当然在吴天明为之奋斗的同时，日益尖锐的矛盾也凸现出来。面对西影厂的一些问题，省上主管部门也陆续派调查组进厂调研，并先后派几位领导充实西影厂党委与行政班子，协助吴天明工作。作家马治权在其《吴天明调查》一文中称："一时间，西影招待所的小楼住满了各路调查组大员，以至于给来厂拍片的演员都腾不出住的地方。"对此，吴天明便嫌干涉太多，牢骚日积月累便演化为他与省委宣传部领导的面对面的冲突。一次向省上汇报工作时，这位之前连小组长都未当过的吴天明竟当着领导的面说："我这个官是你给的，你不让当你干脆把我撤了！我不当厂长我还能去当导演……"就在这喜忧参半的岁月里，迎来了西影厂三十周年。当时，西影厂在外人看来辉煌无比，但职工待遇

吴天明在长城上

并没有多好,也没有什么福利。厂里几经研究,为全厂在册员工置一套西服,以便显得整齐体面一点。为了省钱,厂里批发买来布料并请裁缝师傅来厂量身缝制。这在其他厂是再寻常不过的事,但在西影厂却不然,告状者在省上主管部门慷慨陈词:"看看了,这就是吴天明花国家钱做的毛料子西服!"其实,那只是一套灰色的化纤混纺料的工作服而已。

赴美临行前,他认真召开了一次党委会与厂长办公会,一再叮嘱大伙恪尽职守,充分利用省上的"十大优惠"政策把西影向前再推进一步。去机场的路上,他还告诉同事:一个月时间转眼的事情,等我回来咱们再干!谁也没想到吴天明再回到国内,已经是五年之后。这五年是吴天明一生中最难熬的五年,也是他最无奈、最忧郁的五年。

第四章　赴美时光　不忘电影初心

吴天明与罗雪莹女士

1989年4日4日晚，吴天明在北京和平饭店咖啡厅与罗雪莹会面。电影杂志主编罗雪莹把自己主编的几大册《电影艺术参考资料》合订本带给他，资料汇集了20世纪80年代中国最优秀的电影作品的导演访谈、主创人员艺术阐述以及对这些作品极为认真和自由的学术探讨。吴天明拍着这一厚摞书，十分满意地说："有了这些，足够我在美国讲的了。我要把改革开放以来中国老中青三代电影人为振兴民族电影所经历的奋斗历程，对老美好好吹一吹，长长中国人的志气！"他踌躇满志，一定要把中国电影的腾飞经验在国外的讲坛上加以宣传、弘扬，并和家人、同事、朋友约定一个月后回国。

在美国几所大学任客座教授的日子里，吴天明受到优秀中国电影艺术家应受到的礼遇和尊重，生活条件的宽裕自不待说，每天的活动日程也安排得充实而愉快。他把对祖国的挚爱，通过极具感染力的语言，融进一次又一次关于新时期中

吴天明在美国街头

第四章　赴美时光　不忘电影初心

吴天明在美国街头

吴天明在美国街头

第四章　赴美时光　不忘电影初心

吴天明在美国街头

吴天明与友人在一起

第四章 赴美时光 不忘电影初心

国电影的讲演之中。闲暇时光,吴天明便在翻译的陪同下参观游览,大量观摩美国电影,以西方文化来丰富自己。那时的吴天明还不满50岁,满心憧憬的是回国后如何在艺术上继续超越自我和进一步发展西影。

谁知命运却和吴天明开了一个无情的玩笑。1989年春,国内发生的政治风波使他的命运有了另一种安排。他骨子里忧国忧民、壮怀激烈,又天性率直、口无遮拦,他的一些话被某些海外传媒做了歪曲报道,个别人也趁机落井下石,给他捏造了种种莫须有的罪名。迫于无奈,他只好在美国滞留了下来。可是访问学者的聘期只有一年,余下的时光必须自谋生路,但吴天明除了拍电影,一无所长,不像年轻人那样能在短期内很快掌握新的谋生手段。在美国如何生存发展,只能"摸着石头过河",走一步看一步。他曾和一些层次不高的旅美华人做过一些小生意,由于缺乏经商头脑,又不善识人防人,他讲学所得的积蓄也被全部骗光。他曾渴望重执导筒,但得到的都是嘴上的答应,无一落到实处。经济上最窘迫的

吴天明在美国街头

时候，他和女儿包饺子卖给朋友，以此度日。后来他开了一家小小的录像带店，专门租借中国的影视片，好在洛杉矶华人多，租片的人也络绎不绝。

吴天明落魄美国之时，香港和台湾电影界的一些朋友，如邱复生、焦雄屏、侯孝贤、朱天文、徐枫等，在经济上都给了他很多帮助。身居澳门的蔡安安、蔡元元兄弟也向他伸出了友谊之手。他们曾邀请吴天明拍《小留学生的故事》，由阿城任编剧，后因剧本不成功而作罢。1993年，蔡氏兄弟邀请吴天明去澳门，请他撰写剧本并导演《游子吟》。

吴天明由衷感谢蔡氏兄弟对他的信任和支持，也很想通过拍摄这部电影表达在海外生活的感受。他觉得朋友们对剧本的意见很中肯，但自己目前还不具备将这一题材再提升一步的能力。为了对自己负责，对投资人负责，他遗憾地终止了与蔡氏兄弟的合作。为使回国后重续电影梦的想法不至化为泡影，他必须寻找新的剧本和新的投资人，而吴天明当时的处境，要想获得拍片的机会，绝非易事！

1989年至1994年，侨居洛杉矶的吴天明，遭遇了人生路上的一次困顿和转折。用他后来的话来说，"转瞬间，中国电影界的风云人物，沦落成异乡飘零客……朋友帮忙开了间录像带店养家糊口，苦苦挣扎……"这段异乡生活，让他对社会人生、对自己有了更清醒的认识。

他一个人无法承担美国的房租，便和华人画家范炳南一起合租。两人手头都不宽裕，连打越洋电话都要想尽办法省钱。"我俩经常晚上开车到洛杉矶的城里，到第七、第八大街，那是黑人住的地方，用五美元买那种电话号码——只能打一次，一次打多长时间都可以。"范炳南略带得意地说："于是，我们先和中国的家属约好，把两家人叫到一起接电话，我们用一个号码打电话，一打就是两三个小时。"

赴美前夕的吴天明

吴天明与台湾知名作家柏杨在一起

第四章 赴美时光　不忘电影初心

张艺谋、巩俐等赴美国探望吴天明

范炳南没有问吴天明关于未来的打算，他知道吴天明一心想拍电影，但在美国没有机会，一时技痒，吴天明便把女儿吴妍妍的生日录像当成电影来拍。借了一台摄录机，熬夜写脚本，一边拍一边挪着小碎步寻找最佳机位，带着螺蛳壳里做道场的精细和煞有介事。范炳南在一边偷着乐。片子剪好了，吴天明抱着手臂充满欣赏地问："拍得好不好？"范炳南说好，然后溜到厕所悄悄地抹泪。

贾平凹去美国领奖时，顺道去探望了一下吴天明。两人有说有笑，唯独不谈电影。"他依然性格豪放，能说会骂，凡是他在的场面仍是热闹，笑声不断。但从他静下来呆坐的样子，从他那偶尔闪动的眼神里，我看到了一个游子对祖国的爱恋，看到了一个大导演不能从事自己专业的苦闷。"

1990年4月在香港国际电影节上,吴天明与电影界知名人士合影

　　每年的奥斯卡颁奖礼,吴天明都拧开电视,眼巴巴地看着金碧辉煌的柯达大剧院承载着光荣与梦想的电影盛典,右手松松地握着用来登记录像带租借日期的圆珠笔,笔尖分泌出一小坨蓝色的笔油,像哽在喉头的话,所有的前世今生都纷至沓来淤积至此。

　　门铃响了,有人来租录像带。他的泪水被打断。美国人察觉到他的异常,礼貌而善良地问他:"Are you ok?"他动用了全身的力气把泪咬在眼底,嘴角拧出一个美式的乐观的笑,用蹩脚的英文回答:"I'm ok!"

第四章 赴美时光 不忘电影初心

与陈凯歌、顾长卫等相聚

第四章　赴美时光　不忘电影初心

与胡金铨、阿城、卢燕等友人相聚

电影初心不改

1989年9月1日,"上海三部曲"导演彭小莲住在纽约格林威治西村十一街的朋友家,离吴天明的住处只隔三条街。吴天明住在洛克菲勒基金会的公寓里,在西十四街上。第二天晚上,彭小莲跑去见他。那时候再也没有人围绕着他了,他独自一人在空空的房子里,但是你看不见他的落魄,他依然满怀热情地跟你谈着在纽约的经历。因为倒时差,从不熬夜的彭小莲,竟然和吴天明一直聊到凌晨四点才回到自己的住处。

吴天明正努力学习英文,洛克菲勒基金会专门派了英文老师每天一对一地教他,而他须付给教师每小时四十五美金的工资。彭小莲问吴天明:"学会了吗?""哎呀,不学还挺不错,一学就尽出洋相。""怎么啦?""我去书店买书,一个老太太站在书架前,我走过去想让她挪挪地方,我想说 excuse me,结果我说成了 kiss me,把人家吓了一跳。"

彭小莲知道,这一定是他自己编出来的段子,但是,你还是能感觉到他的幽默,你还是会看见,在寂寞的那一刻,他开开心心地面对着没有电影的生活。那时候,他特别不愿意和别人谈电影;那时候,是他人生的黄金时期,却不能拍戏;那时候,他们围绕着话题胡说八道,只是他还在给别人一种力量,那就是他的坦然和自信。即使在最坏的境遇,他依然是坦然的。他的这份坦然里,有一份中国

第四章　赴美时光　不忘电影初心

吴天明在美国时期，家人赴美探望他

人身上少有的骄傲。洛克菲勒基金会资助结束时,他准备离开纽约。那时候的中国人,即使电影厂的厂长,工资也不会高于二百元人民币,他更是身无分文。彭小莲再去看望吴天明的时候,只见一个简单的人造革大箱子,放在空荡荡的房间里。

彭小莲问他:"为什么要去加州啊?""还是想拍电影啊!"听他说话的时候,彭小莲的眼泪一下就涌上眼睛。你能想象这些日子对吴天明是多么煎熬,他一定前前后后考虑了太多事情。可是他在洛杉矶,在好莱坞的地皮上,那里的阳光多少可以给人一些梦想。他的痛苦里面,有他的坚持,而这种坚持里面,你可以看见他是条汉子。吴天明不相信眼泪!去加州拍戏又谈何容易!"你去了怎么生存?不能去洗盘子吧?"吴天明义无反顾地离开了纽约。

很快,1989年12月下旬,彭小莲在纽约大学走廊里碰见了电影系主任查尔斯,他一定要请彭小莲吃午饭。彭小莲说,不行,下午有课。他说,我给你去请假。彭小莲愣在那里,不明白那顿饭怎么那么重要,系主任为她出面请假。结果只是

吴天明在美国开的录像带店

第四章 赴美时光 不忘电影初心

《秦俑》首映时的吴天明

与《秦俑》团队合影

在学校后面教师常去的一间小咖啡吧吃了一顿便饭。查尔斯拿出一封中文信，要彭小莲翻译并念给他听。那是吴天明写给他的感谢信，说在纽约这半年来，查尔斯给予他那么多帮助。但是，彭小莲记得最清楚的却是他在信后说的话："今天是我50岁的生日，我从来没有想到，会在美国度过这个生日，更没有想到在这样的年纪要重新开始生活。"

查尔斯正端着他的那杯红葡萄酒，忽然长叹一声，放下酒杯半天不说话。他问："怎么帮助吴天明？"彭小莲也说不出话。查尔斯几乎自言自语地说："他要是能说英文多好啊，我可以让他来纽约大学当客座教授，维持生活不会有问题的啊！"

这次的记忆给彭小莲的印象太深了，她从来没有想到吴天明会有脆弱的一面，他总是给人很强大的感觉。这是一个男人和一个男人的对话，虽然有几分惆怅，但是，他依然是骄傲的，他敢于面对自己的困境，直抒情怀。

后来，彭小莲看见他和叶坦在纽约的合影，照片上的日期是1990年3月17日，这是写给查尔斯的信后没有间隔多久的日子。吴天明还是那样意气风发，没有任何自艾自怜的感觉。他身上有一种生命力，就是在任何环境里，都可以从头开始。

第四章 赴美时光 不忘电影初心

吴天明一家在洛杉矶音像店内

他的那份自信，令人尊重，令人动容！

不久，他在洛杉矶开了录像带店维持生计，当时彭小莲的故事片《女人的故事》正在美国发行，吴天明向她要带子，彭小莲就问发行商要了两个原版的寄给他。去加州的时候，彭小莲在他的店里，看见他拷贝了很多，放在架子上出租。原想拿这件事开个玩笑，没有想到，这个时候他却一脸正经地说："我和我媳妇看了这个片子，拍得好！我媳妇都哭了。当初你拍这个片子的时候，为什么不来找我？我会给你更大的帮助啊！花多少钱拍的？"彭小莲叹了一口气："很少很少，四十八万元人民币。谢晋导演都为我说话，说这样的导演，你们多给她十万，她会多拍出一百万的价值！""你就是应该来找我！"站在那个憋屈的录像店里，他们离电影那么遥远，都像在说梦话。但是，能感觉到吴天明的那种坦荡，他什么都不回避，他还是在想怎么把戏拍好，怎么可以帮助别人。

在美国滞留的整整四年十个月里，吴天明度日如年。最终在时任中央政治局委员李铁映的亲笔批示下，他回到了中国！

WU TIANMING
YISHU
HUAZHUAN

— 第 五 章 —

迷雾漂流　难舍中国电影

吴天明摄影作品

第五章　迷雾漂流　难舍中国电影

变脸？《变脸》！

1994年2月，吴天明终于回到国内，回到北京，适逢首届中国电影导演协会年会。会议在中影公司第二会议室举行，从第二代导演到第五代导演一百〇八位大将齐齐赴会。吴天明渴望能融入这支队伍，经过组委会反复讨论，最后谢铁骊、谢晋力主让吴天明出席会议，但不发言。会议上，他自始至终没有发言，也很少跟同行聊天。以往那么熟悉的电影战线，他感到陌生极了。

在吴天明出国前，中国的电影事业完全是计划经济。导演在艺术创作上是三军统帅，但不用为投资发愁，更用不着自己去找米下锅。20世纪90年代中期，中国电影业已转型为市场经济，实行制片人制。没有人投资的电影，导演再有本事也无能为力。吴天明茫然了。当年拍《老井》时那种齐心协力奔艺术的创作氛围，已很难再现。当年他呵护有加的影坛新锐，如今羽翼丰满，各领风骚；而被人称为伯乐的吴天明，却失去了昔日的风采。从拍完《老井》至今，再也没有碰过摄影机，更没坐过导演椅，现在既丢了西影厂厂长的位子，又丢了党籍，吴天明成了漂流在北京的数万文艺个体户之一（戏称"北漂"）。

当时的电影圈和新闻界，吴天明属敏感人物，他的头上笼罩着一层不被信任的阴云。无论是电影厂的投资人，还是新闻媒体，在对待他的态度上都格外谨慎。再坚持的人，也会有脆弱的时候，何况吴天明正处在人生的最低谷。在人前，他

《变脸》海报

第五章　迷雾漂流　难舍中国电影

依然表现得谈笑自若；而清夜独处时，便陷入深深的孤苦与失落。没有合适的剧本，更找不到投资者，他看不清自己的路在哪里。

就在这时，香港邵氏公司老板方逸华女士请韩佩珠女士向吴天明传达了一个消息，打算投资五百万港币，请吴天明把一个叫作《格老子的孙子》的剧本搬上银幕。

他立即飞赴香港，与邵氏公司签订了导演合约。回北京后他看了剧本，后悔莫及。因为编剧是台湾人，对大陆习俗风情的猎奇心理和审美情趣的局限，剧本写得不伦不类，格调较低。

在朋友的鼓励下，吴天明不再犹豫和彷徨，全力以赴地打起了剧本攻坚战。受吴天明的委托，时任《中国银幕》主编的罗雪莹女士先后邀请黄宗江、叶楠、芦苇、朱小平等剧作家改剧本。听说是给吴天明帮忙，大家欣然应允。但看过剧本后，给罗雪莹的回答却如出一辙："这个剧本让人不知从何处下手，实在爱莫能助，希望天明谅解。"对他们的态度，吴天明很理解，他说："艺术创作必须发自内心的激情与自信，再好的朋友也不能勉强。"

热心的罗雪莹并未就此却步，又把剧本分别送给水华、罗亚军、张清、邵牧君、郑洞天、王军政、张艺谋，恳求各位专家朋友在百忙之中予以点拨。水华老师那时刚刚出院在家休养，尚未完全康复，带病仔细看了剧本。在将近两个小时的谈话中，对于剧本的情节和人物怎么修改，水华老师谈得很少，绝大部分时间是谈他的经历，思绪飘向对悠悠往事的回忆。在告别水华老师后，吴天明激动地对罗雪莹说："别看水华老师没具体谈咱们这个剧本，但他给我传的是真经啊！他是指点我，必须把自己最深切的生活体验融进去，这个剧本才能成功。"

张艺谋是在1994年9月拿到剧本的。他连夜看完，第二天，便跟罗雪莹通了一个很长的电话。他说："这个剧本内容陈旧，毫无新意可言，我绝对不会拍。但从天明的角度，我觉得他应该拍。为什么这么说呢？我们第五代导演善于理性思考和分析，而用现实主义手法去写情，却是第四代导演的长项。现在每个人都必须打自己的长项。这个剧本，很难找到一个形而上的哲理，但可以找到一种精神。其实，天底下的故事千千万万，可归结起来不就是同一种精神吗？这种精神

与著名导演李安在一起

与台湾知名导演侯孝贤在一起

第五章　迷雾漂流　难舍中国电影

与香港知名导演徐克（右一）在一起

与台湾著名作家白先勇在一起

吴天明在《变脸》拍摄现场

第五章　迷雾漂流　难舍中国电影

吴天明在《变脸》现场给演员说戏

俗气点说是爱，广义讲是人与人之间的情。天明在美国五年经历了那么多的风雨，对世态炎凉应该感受很深。如果能把剧本中一老一少的那份人间真情写浓，写到位，写得催人泪下，那就是能登大雅之堂的相当高级的东西。你看那些获奥斯卡奖的片子，形而上的东西一般都很少，情却写得丝丝入扣。"

吴天明想起回国后的一件事。一次他乘飞机去西安看母亲，邻座是一位带着小孩的青年妇女。她说下飞机后要在咸阳市乘火车去陕南，但因飞机误点，开往陕南的火车可能赶不上了，心里很急。吴天明建议她搭乘接自己的车到西安，那里也是火车的起点站，而自己家就在火车站附近，可以帮她安排一家旅馆住下，再帮她买好第二天早晨从西安去陕南的火车票。可是，下飞机后，她竟然连招呼都不打，抱着孩子慌慌张张地离去，像躲一只饿狼。起初吴天明莫名其妙，后来才明白，她是把自己当坏人了。这件事，让吴天明很痛心。我们这个有着五千年文明的礼仪之邦，人与人之间的关系怎么会淡漠到这种地步，没有一点最起码的信任？！

在美国时，有一次他连续开车十几个小时，实在累得支撑不住了，就把车停在高速公路边，想打一个盹。没多一会儿，一辆车停在他面前，车主下来，关心地问他哪儿不舒服，是否需要帮助。他说只是有点累，想睡一会儿，那个美国人才放心地走了。过了一会儿，又一辆车停在他面前……如此这般的情景重复了好几次。后来吴天明总算睡着了，等他睡醒后，却惊奇地发现一辆警车停在他车旁。他一问，才知道警察见他睡着了，怕出意外，一直在旁边守着。这辆警车把他送上高速公路，又跟着走了一程，才离开。这件事让他很感动。

现在人性中假恶丑的东西被张扬，真善美的东西被打击，人与人之间的真情变得越来越少了。但越稀罕才越值得珍视，根据自己的体验，吴天明决定把"虽世态炎凉，但人间仍有真情在"定为本剧的魂。这个剧就是要写单纯的人物、单纯的人物关系，表现人间至善至美的感情。

由于原作的故事发生在四川，对白也是四川方言，吴天明只好亲赴四川，邀请"巴蜀怪杰"魏明伦出任编剧。魏明伦满口答应下来，他以生花之笔，使剧本面貌焕然一新。这个剧本所讲的故事是一位江湖老艺人变脸王身怀绝技，却晚景凄凉，为使祖宗香火得以延续，一身绝活不致失传，他从人贩子手里买回一个名叫狗娃的八岁男孩为孙。一个偶然的场合，他发现狗娃竟是女孩所扮。以这一矛盾为切入点，细腻地展示了老人与女孩在流浪江湖的卖艺生涯中感情的逐步沟通与交融。当变脸王遭遇杀身之祸时，狗娃舍身相救的一腔真情化解了老人重男轻女的传统偏见，他终于认狗娃为孙，把变脸绝活传给了这个虽无血缘关系却胜似骨肉至亲的女孩。

影片开拍时正值四川潮湿严寒的冬季，吴天明在外景地一招一式地教小演员周任莹进行表演的同时，也关心表演艺术家朱旭的饮食起居，甚至亲自给老先生送去电手炉和电暖气。他怕男主角朱旭在潮湿阴霾的天气中被湿气伤着，跑了很多地方专门买保暖鞋，但遍寻不着，最后只能从农民手中买了一双红色的棉鞋。至今，每当谈起《变脸》和导演吴天明，朱旭都会谈到那双红棉鞋带给他的感动和温暖。

1995年影片杀青，改名《变脸》。两位主演不负导演的厚望，通过细腻传神的人物塑造，成功地将浓烈的人间真情点点滴滴地浸入观众心间。《变脸》在国内公映后，一举夺得广电部华表奖优秀合拍片奖、中国电影金鸡奖最佳合拍片、

第五章 迷雾漂流 难舍中国电影

吴天明与《变脸》工作人员合影

最佳导演、最佳儿童表演奖,海峡两岸和香港三地电影节最佳影片、最佳女主角奖,上海影评人、永乐杯最佳影片奖,北京大学生电影节评委会奖等。

广电部电影局和香港邵氏电影公司分别把影片送到国外参赛参展,影片先后在东京电影节、莫斯科国际儿童电影节、印度新德里电影节,以及德国、法国、意大利等许多国家电影节,荣获最佳影片、最佳导演、最佳男女演员等三十七个奖项,成为迄今为止在国外电影节获奖最多的中国影片。

1996年10月,在昆明举办的双奖颁奖典礼上,吴天明手捧金灿灿的奖杯,感慨万千。回想1995年初他在四川拍《变脸》时,成都一家电视台记者跟踪采访,编了一个三十分钟的节目,但送审时,没有一位领导敢签字播放,致使该节目被打入冷宫,始终无缘与观众见面。今天,他终于打赢了这场翻身仗,有了一种重见天日之感。

在回顾这段历程时,吴天明说:"是朋友们用信任和真情,支撑我度过了人生中最艰难的时刻,影片是我对所有关爱我的朋友的一次真诚回报。"

从《变脸》到《黑脸》

1995年，柳絮飘飞的春天，吴天明的弟弟吴继明给罗雪莹带来一本纪实小说《黑脸》。作品主人公的原型是河北省永年县委书记姜瑞峰。20世纪80年代中期，姜瑞峰在河北魏县工商管理所工作时，因查处了一起全国最大的假药案而闻名全国，受到卫生部的通令嘉奖，但也因此而得罪了当地的各色人等，致使他在魏县无法立足。当时的邯郸地委书记吴野渡（后任省纪委书记）出于对他的关爱，将他调至永年县任经济检查大队队长，90年代初又任命他为县委书记。任职期间，他大义凛然，不避风险，为民做主，为民除害，被老百姓称为"活老包"，其动人事迹在民间广为传颂。因惩治腐败成绩卓著，1995年他被河北省委破格提拔为省纪委大案室主任，中纪委和监察部授予他"反腐败勇士"，荣获一等功，号召全党向他学习。

纪实小说《黑脸》集中写了姜瑞峰在任永年县委书记期间查处的两个案子，一个案子是"清娥冤"，另一个案子是张石头、张石英两兄弟案。

罗雪莹立即把这个小说推荐给吴天明，因为她知道这正是最能引起他创作冲动并且最能发挥他艺术优势的题材。

果不其然，吴天明看过小说后，连声叫好。他说："姜瑞峰是条真正的英雄好汉，是中华民族的脊梁骨！有个这样的共产党员，我们的国家、我们的民族就有希望了！"

第五章　迷雾漂流　难舍中国电影

正当吴天明沉浸在姜瑞峰的精神里热血沸腾时，一些朋友对他钟情拍《黑脸》表示了种种疑虑。

有的说："社会的腐败已经积重难返，你以为拍部电视剧就能把问题解决了？实在太天真了！"

有的说："铲除腐败的根本途径在于健全民主与法制，而不是宣传两个'青天'形象。《黑脸》所体现的那种'人治'的历史观太陈旧！"

有的说："反腐败题材审查起来关卡重重，隔靴搔痒地拍你肯定不干，可拍得太真实了又通不过。干吗替人家去堵枪眼！"

有的说："本来上面有些人就对你有意见，觉得你身上有反骨。在创作上还是离现实、离政治远着点，省得自找苦头。"

还有的说："咱们好不容易才从'文艺为政治服务'的极左枷锁下解放出来，难道你还想再吃二遍苦，再受两茬罪？"

这些朋友对吴天明充满善意，他们的说法也各有道理。但吴天明想拍《黑脸》绝不是头脑发热，逞匹夫之勇。他是想在影视界创作思想混乱与迷惘的状态中，鲜明地亮出自己的旗帜。

1994年，吴天明回国后，看了不少近期拍摄的影视剧。一方面，许多新人脱颖而出令他振奋；另一方面，充斥于银幕和荧屏的脂粉气又使他深感忧虑。

他说："我不反对拍大款挎小蜜、披长发弹吉他，因为这些都是我们社会转型期存在的现象，表现得好有一定认识价值。但是，我们影视工作者不能把眼光都集中到占总人口不足百分之一的狭小生活圈里。《黑脸》的主人公原型姜瑞峰告诉我这么一件事，河北的一个农村妇女，因为儿子偷了家里两毛钱，一巴掌扇过去，竟失手把孩子打死了。现在我们许多工人下岗待业，许多地区的农民还没解决温饱问题，那些在卡拉OK歌厅一掷千金、在洋房别墅搞超前消费的人们，他们的死呀、活呀、爱呀、恨呀，与普通老百姓有什么关系？我并不主张夸大艺术的作用，似乎一部电影或电视剧就兴邦或者亡国，艺术承担不了那么沉重的社会功能。但我也不认为艺术家可以放弃良知和社会责任感。我知道，拍直面人生的题材会有许多磨难，但如果绕开了这些，专门拍一些不痛不痒甚至蝇营狗苟的东西，那就会愧对自己的良知。我的人生原则是，无论对上对下，对祖宗，对自己都要问心无愧。"

吴天明拍《黑脸》的决心已下。

无巧不成书，河北省纪委和广电厅根据省委领导关于"请一流编剧、一流导演、一流演员，拍一流精品"的指示，已经为《黑脸》搬上荧屏忙活了半年了，此时正在为找不到合适的导演而发愁呢！省纪委和广电厅立即邀请吴天明赴石家庄商讨拍摄事项。就在吴天明准备启程时，接到吕厅长匆匆打来的电话。这位年过半百的文化官员抱歉地对有关人员说："有件事先别告诉吴导演，他听了会不痛快。有人反映说，吴导演现在拿着美国绿卡，党籍也没了。河北方面一些领导听了这个情况提出意见，说由他来拍共产党的纪检干部形象合适不合适，最好请示一下上面。请你先把吴导演的艺术简介、回国后拍摄《变脸》的评价文章给我发一份传真。吴导演的艺术功力我信服，我会极力向上面推荐他。"吴天明知道后很平静，他说："大风大浪都过来了，这挫折算什么。让我拍当然好，不让拍咱干别的，活人还能让尿憋死！"

又过了几天，电话里传来吕厅长兴奋的声音："告诉你一个好消息，我们电话请示了中宣部文艺局局长李准，广电部副部长田聪明，陕西省委组织部、宣传部和广电厅的有关领导，他们的回答很一致，都说吴天明是个好导演，拍《黑脸》没问题。"

可以说，拍摄《黑脸》是双向选择的结果。艺术良知和社会责任感，驱使吴天明选择了《黑脸》；而《黑脸》的出资者河北省委，经过慎重的政治和业务考察，选择了吴天明。

1996年4月19日，吴天明首次赴石家庄与河北省委、河北省广电厅、河北电视剧制作中心有关领导会面，商讨拍摄《黑脸》的有关事项。从这一天起，他走上了长达一年多的《黑脸》创作征程。

早在寻找编剧的过程中，吴天明就开始对电视剧的主题和情节进行思考。鉴

第五章　迷雾漂流　难舍中国电影

吴天明与母亲

于《黑脸》原作中的一个案子"清娥冤"在内容上与山西电视台刚刚摄制完成的电视剧《天网》雷同，同时河北的出资方也提出将电视剧限制在十五集左右，吴天明便对原作的素材进行了大刀阔斧的取舍，决定集中写张石英、张石头兄弟俩的案件，通过姜峰（原型姜瑞峰）与两兄弟的矛盾斗争，集中表现干群关系，树立姜峰这样一个爱憎分明、正义凛然的共产党员形象。

吴天明说："我之所以把干群关系确定为电视剧的主题，是因为这是中国当前最大的政治。一些党员干部的腐败严重影响了干部群众关系，使原来干群之间亲如一家的鱼水关系，变成了油水关系，甚至有些地方变成了水火关系。水可以载舟，也可以覆舟。如果处理不好干群关系，就可能亡党亡国，这并不是危言耸听。"

为创作剧本，从 1996 年 5 月下旬开始，吴天明带领编剧宋聚丰，对姜瑞峰及有关人员进行了细致深入的采访，光是与姜瑞峰谈话的录音带就有二十多盘。

所谈内容，除了姜瑞峰的工作经历，还有他的家事、婚恋、子女、生活嗜好等。吴天明说："剧本虽然只选取姜瑞峰经历中的一个小段，但必须完整地把握住这个人，才能把这个截面写好。"

编剧宋聚丰根据导演确定的主题、人物关系和故事大纲，带着几十盘采访录音着手剧本写作。尽管写得非常认真，但两易其稿，仍未达到吴天明满意的程度，而河北省广电厅希望电视剧最迟要在10月初开拍，第二年4月前在央视一套黄金时段播出，指望拿它去争取1997年度"五个一工程奖"和飞天奖。时间不允许再去找其他编剧，吴天明只好自己披挂上阵。

他写作不分时辰，往往深夜两点才躺下休息，可脑子里仍然琢磨着剧本的事。有时忽然冒出一个火花，就立即从床上爬起来，继续亢奋地奋笔疾书。看他写的剧本，会发现不少处都有"某某某不禁热泪涌流""某某眼含热泪"之类的文字。现场拍戏时，有的演员拿着剧本，为难地对他说："导演，这个地方我的确被感动了，但还没有到流泪的地步，您说怎么办呢？"吴天明马上宽容地说："那是我自己写这段戏时流泪了，就这么写了。这只是一种情绪提示，你表演时你能流就流，流不出来也没关系。"

毫不夸张地说，吴天明是流着汗水和泪水在河北度过了1996年那个炎热的夏季。

接下《黑脸》这部戏后，他说："我信奉一条，生命要么燃烧，要么腐烂。我拍这个电视剧，必须奔个目标——把它做成中国第一，否则就别干。有人说这个题材太尖锐，难搞。姜瑞峰反腐败难不难？但他不怕，义无反顾！他的所作所为启示我们，我们能不能像姜瑞峰那样，有胆量，有能力，在艺术的夹缝中做到最出色。我不是个才华横溢的导演，实际上我是最好的组织者，善于把大家的创作力发掘出来，集中到一条路上去。拍《老井》时，摄制组的年轻人用一句文雅的话来形容我们的合作，《老井》是吴天明织锦，我们添花。现在拍《黑脸》，也应该这样。马上要开机了，剧本还不够成熟，而时间又不允许我再细细琢磨。所以，我要仰仗集体的智慧，希望大家群策群力，在吃透每个人物基本面目的基

第五章 迷雾漂流 难舍中国电影

础上,给你们各自扮演的角色加戏。凡是合理的意见,我都会采纳。别担心我这样会失去导演的主心骨。用一句粗话,我是把你们都吃进去,经过消化变成我的营养,拉出来的屎还是我吴天明的。我们拍的这部戏,是全国老百姓都关心的事,必须朴素真实,同时,还一定要做到语不惊人死不休。咱们大家努力摆脱概念化、公式化,从人性的本质去挖掘,写活人,演活人。我们要把每个人物像烤烧饼一样,翻过来调过去地反复下功夫烤,烤得焦黄焦黄的,那样吃起来才有味道。"在《黑脸》开机仪式上,吴天明向河北省委立下军令状:"一定拍出一流的作品来!"

然而,开机没几天,吴天明便发现,摄制组各主创部门的业务水准和敬业精神,与拍摄一流作品的要求相距甚远。

比如摄像、照明部门,用光构图没有想法,拍不出调子;没有发电车,没

吴天明与父亲及侄子在一起

有大功率照明灯，拍戏时用的是民用交流电，电压忽强忽弱，严重影响了画面质量。

比如美工部门，连每场戏必备的道具都到不了位，更不用说整体美术构思了。拍乡霸郑世仁给县委书记送甲鱼汤的特写镜头，准备的竟然是一盆清可见底的清汤寡水；而拍纪委传达室的戏，窗台和窗玻璃上空空如也。吴天明只好自己往上面摆报纸，插信封。

比如服装部门，演员的衣服常常是拍戏时现从箱子里往外拿，连上面的褶皱都不熨平。被郑世仁拆毁住房的张大娘坐在纪委门口喊冤，演员身上穿的竟是新衣服。

再比如录音部门，同期录音的话筒别在演员衣服里，表演时发出呼呼的摩擦声，录音师却听之任之，说没办法解决这个问题。

吴天明不能容忍这么瞎凑合，立即要求停机半日，认真检查，整顿思想，要求大家树立精品意识。有的人对吴天明说："你不能把电视剧当电影拍，电视剧屏幕就那么小一点，老百姓就是看个故事听个台词，什么声、光、色、影调，别太讲究。"

吴天明听后，感到很悲哀："我们老百姓的审美口味，不就是让一大批末流影视作品给败坏了吗？不讲究人物性格的真实、人物关系的真实，也不讲究光、影、色、调，总是大平光亮堂堂，叙述故事拖沓冗长，上个厕所拉泡屎回来看还能接得上。这不是欺负观众吗？"最后，只好求助于他们的顶头上司——《黑脸》的总监制、省纪委书记吴野渡。

吴天明在信中说："一流的作品不仅需要一流的编剧、一流的导演、一流的演员，还需要一流的摄制班子。因为编剧、导演和演员的全部努力，最后都要通过摄、录、美、服、化、道各部门的劳动，体现在磁带上。希望领导在资金上给予大力支持，同意我外请得力的主创人才，租借一些先进的照明设备。"

在河北省委、省纪委领导的支持下，吴天明终于从北京请来了荣获金鸡奖提名的摄影师赵镭和经验丰富的照明师王立宏。因为河北厂的照明师不懂如何使用

第五章　迷雾漂流　难舍中国电影

大功率照明灯，王立宏还带来了自己的一名助理。

然而，事情并不像吴天明想象得那么顺利。新的摄影和照明师到的当天晚上，正赶上拍夜戏，从北京带来的4K照明灯，装上去刚通上电就坏了。剧组顿时炸了锅，矛头直指新来的照明师和助理。制片主任说："一个灯泡八千元，我们厂从没使用过这么贵的东西。你们看怎么处理吧，要么让照明助理赔钱，要么把他开了。"吴天明听了很生气："在拍摄现场，设备出现问题是常有的事。还没调查清楚灯坏的原因，怎么能叫助理赔呢？如果设备坏了就不分青红皂白都叫操作人赔，谁还敢动机器？你们开除照明助理实际上是打照明的脸，打照明的脸就是打摄影的脸。他们是我请来的，你们执意要罚钱，就从我的酬金里扣。"

吴天明一发火，算是把这件事平息下去了。但接下来的几天，剧组却蔓延着一种恐慌气氛和排外情绪："导演今天换摄像机，明天换照明，不知以后还要换谁？他要是把咱们河北厂的人都得罪了，看谁还给他干活！"原来的摄像组长和照明组长开始撂挑子，不但自己不到现场，他们手下的弟兄们也不听赵镭和王立宏指挥。现场干活，常常是北京来的几个人。面对这种情况，吴天明为了稳定军心，决定召开摄制组全体人员会议。

10月31日晚有戏，出发前，吴天明把剧组几十号人召集到现场招待所会议室，他以一贯的坦荡磊落，开门见山直奔主题：

"听说大家对我从北京请来的摄像、照明有意见，有对立情绪，我心里很难过。中午拍戏回来，躺在床上翻来覆去想了很多，想着想着就流泪了。我觉得对一个创作人员来说，拍摄经验少、水平差并不可怕，而目光狭隘不知天外有天，因循守旧不思进取，这才是最可怕的。在《黑脸》剧组，我从不把自己当外请导演，也从没分帮分派的意思。我总觉得大家能走到一块儿，就是一种缘分。我们都是为了一个共同的目标——把片子拍好。合作了一个来月的时间，我喜欢这个创作集体，喜欢你们这些摄像、美工、照明部门的年轻人。你们踏实，肯吃苦，但个人情感不能代替工作要求，咱们不是凑在一起交朋友，而是在这儿实打实地练活儿。现在是竞争的时代，要想在事业上立足，必须靠真本事。事实证明，你们创作精品的意识和经验都不足,而摄制组不是培训班,没有时间让大家一边提高水平一边干。事先我已经讲明了,从北京请来的摄影师、照明师,不是要把你们取而代之,而是一种合作关系,出字幕联名。就这样,你们还觉得伤了面子,伤了自尊,于是就闹情绪。你们现在还不是名家,怎么虚荣心就这么重?不错,谁都想成名家,但成名家就那么容易?我拍《变脸》,现在拍《黑脸》。如果像这么凑合下去,《黑脸》就得变成《没脸》了。所以,我希望大家同心同德,把《黑脸》拍好。"

听了吴天明这番动之以情、晓之以理的肺腑之言,在座者无不为之感动。在《黑脸》整个摄制过程中,吴天明的每一个艺术追求,都是在与平庸保守、敷衍塞责等不良意识的斗争中,一步一步得以实现的。

按照河北省委、省纪检委要求,这部影片必须在1996年12月中旬停机,1997年2月完成后期制作,以便赶送1997年4月的电视剧飞天奖和中宣部"五个一工程奖"评选。从1996年底到1997年春,吴天明没日没夜地奋斗了两个月二十天。在他租借的海淀黄庄住所通往云通北龙制作公司的路上,早晚总能看见他裹着军大衣顶风冒雪疾步行走的身影。对于剧中每个画面的组接,每个音响的收录,每段音乐的选用,他都要亲自把关。有位好心的朋友见吴天明干得太辛苦,劝他:"电视剧是快餐文化,咱们这样的导演用光脚丫自拍,都能拍成精品,你何必这么认真?"

1997年3月22日凌晨三时,《黑脸》完成了最后一集的混录。出现在电视屏幕上的,是一道万人含泪送姜峰的壮观风景:本片的主人公、滏阳县委书记姜峰因惩治腐败有功,被破格提拔为省纪委大案要案检查室主任。清晨,当他携妻女赴省城就职时,街道上已经被数千欢送的人群围得水泄不通。农民纷纷把篮子里的鸡蛋、红枣往姜峰怀里塞,乡亲们抬着"当代包公"的巨大金匾,深情叮嘱"姜书记一路保重!"姜峰双手抱拳高举过头,向乡亲们频频致谢。镜头在他面部大特写上定格,两行热泪引出了孙国庆粗犷刚劲的歌声:

第五章　迷雾漂流　难舍中国电影

一捧高粱一碗苦酒

给我魂魄铸我血肉

一把老茧一缕针线

擒住饥寒缝补春秋

爹娘啊

我流着你的血，牵着你的手

看不得你忧愁

见不得你流泪

天地作合给我一条命

我知道，我知道……

为谁活着

为谁追求

歌声随着画面一起渐渐隐去，吴天明坐在电视屏幕前一动不动，任凭热泪顺脸颊涌流，周围的剧组人员都静默无声。《黑脸》在中央一套黄金时段播出后，引起广泛社会反响。很多观众晚饭后都锁定中央一套看《黑脸》，尤其在农村，看这部戏的人多到快要赶上春节联欢晚会，出现了"锁定频道看《黑脸》，村头村尾说姜峰"的动人情景。农民们说看了这部电视剧"解气"，姜峰是"活脱脱的黑脸包公重返人间"，是"实在地反腐败"。

中央和地方多家媒体也都对此剧进行了热情报道，称其为"激浊扬清真反腐雄风，慷慨悲歌树燕赵豪情"。

用电影重建中国人的信仰

还在拍《黑脸》的时候,吴天明就开始酝酿下一部作品。在讨论创作的走向时,他不止一次感慨道:"在商品大潮的冲击下,有些人的头脑发昏了,价值观混乱了,是非标准颠倒了。尤其是影视圈,更是鱼龙混杂。但我们的现实生活中,仍然存在着许多美好的人,美好的事,即使在文化垃圾遍地的污浊环境中,不是还有一些始终保持着高尚品位的记者、作家和编辑们,辛勤笔耕,以真善美的精神甘露,滋养着读者的心灵吗?咱们作为电影工作者,也应该像他们那样,在银幕上弘扬真善美。"

为选择题材,吴天明和他的主创团队翻阅了许多报纸杂志。1996 年,罗雪莹在《中国妇女报》上看到一篇介绍南京康复医院在救治植物人的过程中发生的许多感人事迹。辽宁本溪一位铁路技工,用十四年的努力,把医学界判了死刑的丈夫从昏迷中唤醒并使其逐渐恢复健康,最后重新走上工作岗位。12 月,忙于做《黑脸》后期的吴天明,拜托罗雪莹根据文章线索,赴南京康复医院采访有关脑神经外科医生和被救治的植物人及其家属。1997 年,罗雪莹又采访了北京康复中心的有关人士。在收集大量素材的基础上,他们请北京电影制片厂年轻的编剧程彤,编写一个纯情而又浪漫的爱情故事。

《非常爱情》海报

由于这个故事非同寻常,吴天明采纳了摄影师赵镭的意见,将片名定为《非常爱情》。创作剧本之初,香港邵氏兄弟电影公司方逸华女士曾答应投资,但她看了剧本后,从香港给罗雪莹打了一个电话:"我希望你和吴导演来香港看看这里青年男女的爱情生活,这样你们就会知道,20世纪的爱情是什么样子的,根本不像你们写得那样纯净。我担心你们的剧本拍出来没有票房,所以决定不投资了,这也是出于对吴天明导演的爱护。"

香港方面的投资没有指望了,吴天明便决定在国内找投资。看过剧本后,一些投资单位回答是:"这年头,哪还有什么纯真的爱情!你叫一个青年女子十几年苦守着一个植物人,观众肯定不信。"

《非常爱情》工作照

一个台湾的影评界朋友也对吴天明说:"你以拍摄《人生》《老井》等具有深刻社会内涵的电影见长,怎么拍起了轻飘飘的言情片?"

面对各种议论,吴天明也曾有过犹豫和彷徨:"我们对社会的看法是否太天真?我们的艺术观念是否太传统?拍这种纯情片究竟能不能赢得观众?"

以高尚的精神塑造人,以优秀的作品鼓舞人,应该是每一位艺术家的创作标准。短暂的游移不定后,吴天明就重新坚定了拍摄这部影片的想法和意志。"别人说我的电影落伍了,我说不是落伍了,而是片子在中国提前了十多年。很多西方人看了这部电影被感动得一塌糊涂,他们信仰这个,中国人唾弃这个。如果谁嘲弄纯真的爱情就是刽子手。纯真是不能被嘲弄的,就像崇高不应该被嘲弄。如果没有了崇高,我们的民族精神就会像被剔掉了骨头的肉一样,提不起来。"吴天明说。

号称礼仪之邦的五千年文明古国,无论发展到哪个阶段,都不该丢弃优秀的

第五章　迷雾漂流　难舍中国电影

精神文化传统。如果一个民族丢弃了真诚，丢掉了善良，丢掉了美好的道德情操，这个民族就只有被开除球籍的份儿了。作为传播精神文化的影视，理所应当弘扬中华民族的阳刚之气、人格力量和美好心灵。"我拍过一些表现黄土地生活的具有较厚重社会内涵的片子，但不能因此就圈定我只能拍那一种电影，我不是拍了《变脸》吗？纯情的东西拍好了，也会是了不起的作品。"

吴天明说："真诚和爱心，是永远不应被嘲笑的。"尽管资金问题几经周折，但在导演何平的热情促成下，北影厂厂长韩三平终于拍板投资《非常爱情》。圈里人一听吴天明要拍一部纯情的言情片，都感到十分意外。这么大岁数了，还能否拍出青春的激情？

此时的吴天明却没有老年将至之感，他自我感觉"也就三十刚出头"，完全能体验和把握青春的生命。有天晚上，摄制组讨论如何拍摄男女主人公和同学庆祝考上大学这场戏，主创人员就"怎么拍才有意思"各抒己见。按一般的套路，无非是到公园庆贺或下馆子。但真照这样拍出来，怎么琢磨都觉得落俗套。正当大家抓耳挠腮苦于想不出什么好主意时，吴天明突发奇想："在公园草坪上比赛打轮子（侧身翻），行不行？"还没等大家反应过来，他已经在会议室地板上做了一个侧身翻。那速度那身手，根本不像年近花甲的人。大家一个个看得目瞪口呆，他却轻松地站起身眯眼一笑，神情像孩子般天真。

罗雪莹在后来的回忆中说，当时电影为了赶季节，摄制组筹建得很仓促，有些人选未经慎重考察便定了下来，一旦投入工作，便暴露出各种各样的问题。一心向"钱"看、缺乏敬业精神、搬弄是非等不良风气侵蚀着剧组，再加上资金短缺，导致吴天明每实现一个想法都磨难重重。每当罗雪莹被摄制组里的人心涣散和不正之风搅得焦虑不安，甚至觉得难以支撑下去的时候，吴天明镇定自若的大将风度，帮她战胜了内心的脆弱，咬紧牙关挺了过来。他说："天没塌地也没陷，走自己的路，别听他们瞎吵吵。信心对一个人来讲是很重要的，瞻前顾后，畏缩不前，什么事都别想干成。我有一个长处，那就是一条道走到黑。你既然认定了这条路，就一定要走到底！"

陕西汉子吴天明

第五章　迷雾漂流　难舍中国电影

吴天明常说："拍电影不同于拍电视剧，要在每个场景展示环境、营造气氛上下功夫。"为实现这个追求，他有时近乎霸道。影片有一场戏是舒心坐火车送田力上大学，田力打开车窗探出头大声喊"我爱你"，喊着喊着另一辆火车逆向飞驰而过，舒心怕出危险慌忙把田力拉回车厢。按剧情要求，需要包下两列车厢和一段铁路，在两列火车交错驶过时，完成上述镜头。为了这一个镜头，摄制组要花大量的经费，请铁路部门让出车道调度火车。由于铁路部门只给一次错车的机会，如果抓不住战机，就将前功尽弃。在讨论这场戏时，不少人建议改戏，他们埋怨说："男孩向女孩求爱的方式多了，干吗非要把头伸到火车外面去，等火车错车时才喊出那些话？这不是自找麻烦吗！"但吴天明丝毫不动摇，他说："每场戏必须有新招，拍出来才好看。要是想法和别人一样，宁可不拍。"火车那场戏从清晨拍到黑夜，拍错车的镜头时，全摄制组都处于紧张的临战状态。火车呼啸而过的一瞬间，田力的脑袋正好探出车窗喊出了"我爱你！"摄影机及时拍下了这个镜头，全组的人这才如释重负，悬在心口的石头终于落了地。

剧本里有一场男女主人公听《梁祝》音乐会的戏，虽然画面不到三分钟，但拍摄时需要一个大交响乐队进行整整半天的演奏。可即便搭上人情关系，谈来谈去，乐队收费也不能低于一万元。剧组的人开始议论起来："现在经费那么紧，谁敢轻易动用交响乐队？导演能不能改改戏？"吴天明却固执己见，坚持用大交响乐队拍完了那场戏。看完成片后，大家都觉得音乐会这一万块钱没白花。《梁祝》中那如泣如诉的"十八相送"，把舒心对田力的情感渲染得淋漓尽致。

由于吴天明在艺术创作上标准高、要求严，拍摄进度必然减慢。为了按时停机，摄制组每天都在加班加点超负荷运转。像拍摄《黑脸》一样，吴天明疲病交加，又一次引发了气管炎和肺炎，他常常是刚拔下输液管就从医院赶到现场，有时干脆在现场边输液边指挥拍戏。同期录音要求现场绝对安静，可他一阵一阵地咳嗽，很难止住。有一天拍一个二百多尺的长镜头，他为了忍住咳嗽把脸憋得通红，等这个镜头拍完，却差点背过气去。

在北影进行后期制作时，由于快到年底，几部影片都赶到了一块儿，剪辑室、

真诚的吴天明

录音棚、洗印车间的生产日程安排得满满当当，哪个剧组都不允许在进度上有一天的延误。吴天明又一次累病了。他连续三天打针输液，都未能止住高烧和咳嗽。就这样，他仍旧照常工作，没有歇过一天。他说："我现在已经进入了生命的倒计时，'玩不起'了。必须拍一部是一部，走出一串结结实实的脚印。"他是豁出命掏出心在拼搏，用熔铸着血汗的每一尺胶片，证明着自己的人生价值。

《非常爱情》公映前，曾到北京语言文化大学和河南郑州大学举行与观众的见面活动。当时暑期将至，大学生们都在紧张复习，应对考试。活动组织者曾担心场面会冷清，但出乎意料的是，海报一贴出，观者如潮。吴天明率剧组主创赶到时，影片已经开映，大礼堂内座无虚席，还有学生没座位，挤在过道上看。吴天明悄悄走进去，站在黑暗里观察观众反应。虽然他相信大学生只要走进电影院，一定会喜欢这部电影，没想到观众的情绪竟能与剧情的发展产生如此紧密的呼应。一个个情节，一段段台词，不时引发出阵阵笑声、叹息声和掌声。尽管是夏天，

第五章　迷雾漂流　难舍中国电影

没有空调，礼堂内很闷热，但没有一个观众中途退场，大家始终沉浸在影片所营造的诗的韵律和青春的激情中。当田力经过十几年的救治终于苏醒、眼里滚出一滴泪珠时，全场爆发出热烈的掌声。此后的一系列情节：田力能坐起来了，田力会说话了，田力会看书了，田力能站起来了，田力去掉拐杖能走路了，田力能爬台阶了，田力在动物园能认出他以前喜爱的金丝猴了……田力康复的每一步，都赢得了观众一阵又一阵的欢呼和掌声。吴天明知道，大学生们是在为爱的奇迹而欣喜，被爱的力量感动了。

当吴天明率主创走上舞台时，大学生们全体起立，报以更加经久不息的掌声。吴天明问大家："你们相信不相信有这样的爱情？"大学生们齐声回答："相信！"吴天明又问大家："你们想不想也拥有这样的爱情？"大学生们齐声回答："想！"此情此景，令吴天明热泪盈眶。他不由地感慨："谁说表现纯情的东西过时了，看看眼前这群大学生，心地是多么善良、纯净！"见面仪式结束后，大学生们把吴天明团团围住，请他签名留念。还有几个小伙子临时找来一大块硬纸板，写了"感谢吴导，真爱万岁"八个大字，送到吴天明手中。

吴天明认为，影片不以情取胜，而是以情见长，所以他十分重视情感渲染的重要手段——电影音乐的创作。

他请来著名作曲家张千一为本片作曲。早在拍摄筹备阶段，他们便共同探讨和决定了全片的音乐基调。考虑到影片男女主人公是当代大学生，又是一个纯情浪漫的故事，于是确定，影片的音乐应是从心里流出的，格调要古典和高雅，而不必刻意追求通俗化、民族化。

一般电影里音乐段落不超过二十段，而《非常爱情》里的音乐却有三四十段之多。在后期混录时，每当音乐响起，吴天明都情不自禁地站起来走到银幕前，边哼唱边指挥。由于他双手挥舞的动作有点像农民搂稻草，大家便送了他一个绰号——"农民卡拉扬"。

根据剧情规定，吴天明提出影片要有一首主题歌，张千一推荐苏柳作词，歌名叫作《呼唤》。

晚风的手摘下了月亮

藏在大树后面那是你的脸

我的心吻着你的心

让我躺在心上对你说永远

我的爱人啊　我的爱人

我是你眼泪里摇出的小船

我的爱人啊　我的爱人

小船装满爱的呼唤

这首歌由刘欢演唱，管弦乐队伴奏，是全片音乐主题的总结，也是人物情感的升华。影片上映后，这首歌曾在北京人民广播电台播出，颇受听众欢迎，上了金曲排行榜。

《非常爱情》荣获1997年度广电部华表奖优秀影片奖和中宣部"五个一工程奖"，并被中宣部列为重点放映的八部优秀影片之一，向全国隆重推出。

一时间，吴天明成了电视台、报刊等新闻媒体聚焦的热点人物。在经历了五年海外蹉跎和归国后四年埋头苦斗之后，吴天明终于在影坛重新崛起。

第五章 迷雾漂流 难舍中国电影

一位艺术家对社会的责任感

1998年,北京电视台拟拍摄三十五集大型电视连续剧《黄河人》,他们首先想到了吴天明,作为这部庆祝中华人民共和国建国五十周年的献礼片的总导演。

刚刚拍完《非常爱情》,吴天明便直接来到了《黄河人》剧组。这部描写黄河上三代船工命运、极具悲壮情怀的长篇电视连续剧,讲述了黄河中上游人民的百年生存史、奋斗史,还讲述了自1900年以来,生生不息的黄河人为自己的生存环境、生存尊严而进行不懈的奋斗和牺牲,从自发迸射的呐喊、反抗到在中国共产党领导下进行革命、建设和发展的历程,黄河人在这一百年间经历了一次次生命磨难,完成了一次次境界升华。这部连续剧的主题思想就是要通过讴歌黄河人不屈的奋斗精神,来证明中华民族的坚强与伟大。

吴天明看完剧本,站在黄河源头抚今思昔,激情涌动。他邀请电影《人生》中塑造高加林的周里京、女主演吴玉芳再度合作。

但现在的电视剧组已经不是原来的剧组了。1998年3月,《黄河人》在山西河曲开机拍摄。吴天明发现剧组演职人员打麻将成风,他明令禁止,演员们还偷偷打,一次他发现了就直接上去把桌子掀了,从此再无人敢打。一次有个女演员拍戏迟到四十五分钟,有人说要不先拍别的戏份,他说不。等女演员姗姗来迟时,吴天明带头鼓掌,直言"你好意思吗?七十多个人,每个人四十五分钟",臊得女演员直呼"我错了我错了"。自此之后，再无此类事情发生。

1998年底，电视剧《黄河人》在国内三十余家省级电视台播出。1999年，此剧获得北京市优秀电视剧奖。

刚刚拍完《黄河人》，2000年，吴天明又开始了新电视剧《都市情感》的拍摄。他在1999年10月29日接受《南方都市报》采访时说，自己拍这部电视剧就是要针砭现在文艺圈的一些混乱现象。现在这个圈子"浮躁"盛行，人们敬业精神差，两性关系混乱，有一些女演员文化素质低得可怜却还自以为是，这些现象将在该剧中曝光。他认为，有责任把一些不正常的现象说出来警示大家。

《都市情感》海报

第五章 迷雾漂流 难舍中国电影

《都市情感》二十集,根据群众出版社郭晓力的小说《惶恐与疯狂》改编而成。主要内容为,处于繁华都市的崔家大屋住着库家、古家、杨家、王家四户居民,均为市井人物,他们职业不同、性格各异,都在生活中遭受了诸多困难、挫折,但都热爱生活,追求幸福,始终高昂着不屈的头颅,坚强地与厄运进行斗争,竭力走出阴影,改变生存状况。都市众生相折射出善良勤劳的人民群众是社会的主流,展示了奋发向上、自强不息的民族精神,探索都市人的内心。这部电视剧不仅实现了吴天明作为一个艺术家对社会的责任,还开启了日后荧屏上的都市情感类电视剧的热潮,成就了一大批影视明星。

《首席执行官》到无言的结局《牛虻》

《都市情感》这部电视剧让吴天明认识了青岛，进而机缘巧合又认识了海尔集团首席执行官张瑞敏，这给他的创作提供了更大的得以直抒胸臆的天地。

电影《首席执行官》以海尔集团首席执行官张瑞敏的事迹为素材，以海尔集团的创业奋斗史为蓝本创作而成，讲述了以海尔为代表的中国民族工业走向世界的十几年风雨历程，同时向人们展现了民族工业的国际化进程。

但这部电影的拍摄可谓历经波折。2000年春，青岛电视台请吴天明去拍一部有关海尔的电视剧，剧名叫《天降大任》。初看剧本，有一个情节使他很震动，即主人公为了提高员工的质量意识，把有毛病但还可以降级卖出去的冰箱都砸了。但总体看下来，他觉得它是个比较老套的表现乡镇企业起步时期依靠党组织和老工人艰苦创业的故事，缺乏现代企业的精神理念，人物和情节设置都比较陈旧，剧本的感情线也比较俗套。后来到海尔一参观访问，吴天明才知道砸冰箱是张瑞敏当年的真事。除此之外，那个剧本的基本情节和主题都跟张瑞敏的创业道路、先进的管理理念以及海尔的企业精神风马牛不相及。当时青岛市委宣传部和青岛电视台举行了剧本座谈会，吴天明把罗艺军、张清、童道明、王君正等影剧界专家朋友都请去了。他们参观了海尔，激动不已，却对剧本表示不满意。所以吴天明在会上建议青岛电视台让作者修改剧本，但作者表示，自己不知如何使剧本达

2004年，吴天明在日本东京《首席执行官》首映式记者招待会上

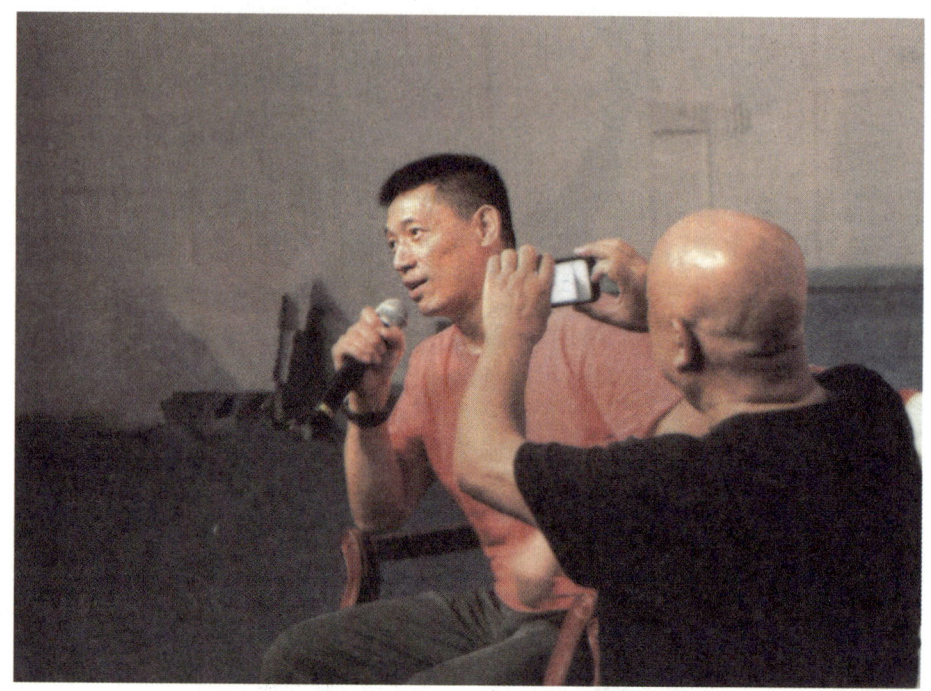

吴天明在《首席执行官》影展现场

到吴天明所需要的高度,希望吴天明能给他一把梯子。吴天明说,梯子就是深入生活。但作者又说,他的写作路子是脑子里先有理念,然后从生活中寻找适合这一理念的素材。和作者没有谈妥,吴天明便建议电视台放弃原剧本,重起炉灶。

青岛电视台同意换编剧,经丁荫楠介绍,推荐了胡建新。胡建新来了以后,用了一个月的时间,白天一块儿下去采访,晚上回来一块儿研究,每天都为对海尔和张瑞敏的新发现新感受而兴奋不已。就在要进入写剧本提纲的实质性阶段时,青岛电视台突然决定撤资。当时罗雪莹问吴天明还干不干,吴天明说,海尔这样一个题材,这样一批民族英雄,如果我们遇到难处就放弃,不去认真表现,艺术良心过不去,我们必须把这件事干下去。

感到有些支撑不下去的时候,剧组初始核心人员都这样问自己:"是否对这

第五章　迷雾漂流　难舍中国电影

一选择感到后悔？"最终他们战胜了自己的彷徨和脆弱，把这块硬骨头啃了下去。他们常对自己说："就算最终我们什么也没拍成，但有幸结识张瑞敏这么优秀的人，看到海尔这么伟大的企业，我们的人生就有了宝贵的意义。"

2001年11月，影片开始筹备拍摄。2002年2月28日，在青岛正式开机。开拍第一天的傍晚，正要收工吃饭的时候，吴天明接到西安三弟的电话，母亲因癌症在半小时前去世了。吴天明非常敬重和爱戴母亲，去青岛出外景前，他曾回西安看过病重的老人。回来后他对罗雪莹说："我和我妈告别的时候，她躺在床上，一直目送我走到屋门口。我们心里都明白，这也许是最后一面了。"那天他一夜没睡，写了一封唁电和一副挽联。原文是这样写的：

敬爱的母亲：

我幼年的记忆里全是您的故事：

您当着我和弟弟的面剁下一只公鸡的头，说："你们谁敢说自己姓吴，我就剁了他的头！"那年，我8岁，弟弟4岁，您也只有28岁。父亲带着他的游击队往延安偷运药品、火柴、枪支、弹药，半年不露一次面。您领着我和弟弟东藏西躲逃避敌人追捕，一个地方不敢住三天。您杀鸡儆"猴"，不让我和弟弟暴露我们的身份。

那年，我们被人出卖以后，敌人把您绑在拴马桩上，刺刀戳透了您的棉袄，您只咬定一句话"不知道！"不知道父亲派来送东西的游击队员在哪里，不知道您亲手掩藏的枪支和"文件"在哪里。您不识字，但您懂得"文件"的分量。

在提审您的长官面前，您脸不变色镇定自若，一口一句"我男人姓张"。敌人半信半疑，答应放我们回去拿"东西"，"三天不把东西送来，就去提你们一家人的头！"您聪明地应承下来，可回家的第二天拂晓，您就带着我和弟弟逃之夭夭了。

有一天，我们母子沿着一道荒无人烟的河谷走到天黑，找了一孔废弃的窑洞安身,您拣了些树枝堵住窑门。没有想到,半夜饿醒的弟弟号啕大哭,引来一群野狼围在门口。没有灯火,没有刀枪,您硬是挥着一根木棒连喊带敲,与狼对峙到天明……

敬爱的母亲,您默默无闻地当了一辈子"家属",为丈夫和子女奉献了自己的一生。虽然您没有创建什么辉煌的业绩,没有留下钱财地产,但是,勤劳、坚强、自尊、刚正的品格却给我们树起了为人的标准,这是您留给我们享用不尽的宝贵遗产。

敬爱的母亲,我因公务在身,不能回来给您送行,请原谅您不孝的长子。

敬爱的母亲,我永远爱您,永远怀念您!

安息吧,敬爱的母亲!

您的儿子

2002 年 2 月 29 日凌晨

于青岛外景地

一番付出一番收获,2003 年《首席执行官》被中宣部、国家广电总局列为向党的十六大献礼的重点影片之一,荣获第 9 届中国电影华表奖故事片二等奖,吴天明本人也在第 23 届中国电影金鸡奖上获得最佳导演提名奖。

2002 年,吴天明无意得知深圳万科影视公司和深圳市委宣传部拟共同拍摄电视剧《牛虻》,这是由中国编剧周七月和乌克兰作家阿列克根据伏尼契的名著《牛虻》改编的电视剧。

原著《牛虻》影响了世界各地几代人,作为对中国人颇有影响力的外国文学作品,吴天明很早就读过。把《牛虻》拍成电视剧,不仅可以让一部分观众重温年轻时的梦想,也可以让新一代年轻人更多地了解那个年代崇尚美好坚持信仰的英雄人物。亚瑟曲折的身世和成长历程,他和琼玛之间纯洁又感伤的爱情,他和父亲蒙泰尼里之间爱恨交织、极度绝望的父子之情……所有的一切都强烈地打动

第五章　迷雾漂流　难舍中国电影

吴天明在电视剧《牛虻》拍摄现场

过吴天明的心。更重要的是，吴天明是看着苏联电影长大的，也是苏联电影带他走进电影之门。他怀着非常特殊的感情走近《牛虻》，2003年元月正式加盟该剧组，并着手进入剧本修改。在观看了两部苏联的同名电影和原小说以及前两稿剧本后，吴天明和罗雪莹查阅了大量历史背景资料，研究怎样改剧本。在吴天明的眼里，"牛虻"是两个人，他的青年时期是亚瑟，历经生活和灵魂的折磨，在十三年后变成了坚定的革命党人"牛虻"。为了实现自己的信仰，牛虻背叛了不同道路的父亲，亲手埋葬了爱情，这是一个残酷、绝望又很壮丽的大悲剧。牛虻最后的从容赴死（被枪毙）具有非常震撼人心的力量。《牛虻》和同时代其他几部著名的外国小说不同，它不属于《钢铁是怎样炼成的》那样的红色经典，也不是《简·爱》那样的纯情小说，它结合了革命、战争、爱情各种元素，融入了各种人物，生生死死，爱恨情仇，极其适合改编成电视剧。在这部戏里，吴天明希望观众看到电视剧版的《牛虻》演绎出的壮丽的人生戏剧，看到这个人物丰富的人生道路，思考"人到底应

电视剧《牛虻》海报

第五章　迷雾漂流　难舍中国电影

该怎样活着"。

虽然讲述的是距今一百七十余年发生在意大利的一段革命党人的传奇经历和斗争事迹，但它的故事对今天依然有着丰富的启示作用，对当代中国人的人生观和价值观的塑造具有积极的影响。作品对理想、信念、意志力的张扬，对人性的尊崇，全剧所表现出来的爱国主义和人文主义精神，都可以绵泽当代，有着生生不息的精神动力。

今天的中国，随着物质生活的极大繁荣，人民对精神世界的需求日趋强烈。寻找心目中的英雄，怀念伴随我们成长的英雄，已经成为一种普遍要求和渴望。《牛虻》对理想的执着追求，坚定的革命信仰并为此坦然献身的气节，尽管充满了人性的复杂、感性的冲突，他依然能成为当今社会的英雄，激励我们做出一番轰轰烈烈的事业，演绎一番壮丽的人生。

吴天明的观点以及导演阐述得到了投资方以及广东省委宣传部等部门的认可。吴天明将小说中的民族矛盾和宗教派别等推向后景，将人性、爱情、亲情、友情、阴谋、信仰、背叛、正义与邪恶的斗争放在前景，着力于人物性格的塑造，有力地加强了戏剧矛盾和冲突。

3月17日，电视剧《牛虻》剧本定稿，3月19日，他就马不停蹄地再次飞往乌克兰看景，前后用了近两个月的时间，选定了利沃夫和雅尔塔等外景地。

2003年6月7日，该剧在乌克兰正式开机。六月仍寒冷的乌克兰，吴天明啃着干硬的黑列巴，吃不到青菜，喝不上一口热水，一天工作十几个小时，没日没夜地窝在一个叫杜甫仁科的电影厂拍摄。12月，吴天明完成拍摄，素材近九十盘。其间，剧组辗转乌克兰山区小城利沃夫、边界城市木卡其瓦以及额儿巴仟山脉拍摄，在衣食住行都异常艰苦的条件下，吴天明和剧组共同走过了盛夏、深秋和寒冬。

2005年4月27日，《牛虻》在北京发布，并在俄罗斯、乌克兰、白俄罗斯等国家完成预售，即将进入俄语配音阶段，而日本、韩国、马来西亚、新加坡等国家的电视台也纷纷对《牛虻》下了订单。在当天的发布会上，时任文化部艺术司副司长蔺永钧认为，《牛虻》全剧所展现的亲情、友情、爱情，符合人类普遍

《牛虻》剧照

认同的人性审美价值观,反映了全人类普遍追求的美好情感;剧中描述的意大利人民抗击侵略者的斗争,也与中国人民抗日战争和世界人民反法西斯战争胜利六十周年的主题紧密相连,它又是"多国部队"联合完成,所以《牛虻》是一部完全可以走向世界的精品电视剧。

终身成就　实至名归

2005年1月11日下午，第一届中国电影导演协会年度奖颁奖典礼在北京国际会议中心隆重举行。内地及港台二百多位导演和四十多位明星参与了颁奖典礼，吴天明获得导演终身成就奖。颁奖词为："为表彰吴天明的杰出艺术成就以及他为中国电影导演群体的成长所做的贡献，特授予终身成就奖！"

吴天明的"终身成就奖"获奖感言为：

> 谢谢同行们，谢谢第一届中国电影导演协会年度奖颁奖典礼的执行委员们。其实这个奖，昨天晚上有人告诉我了，我准备了一些词，现在全都忘了。我只想说，首先我要感谢。另外，我感觉到这个奖——我的电影曾经拿过四五十个奖，但是在我心里，这个奖是最重的。因为这是同行们发给我的，是同行们对我过去所做的一些工作的肯定和鼓励，也是一个鞭策。有很多优秀的导演，老的不用说，现在健在的像谢飞导演、谢铁骊导演等，还有同辈的导演滕文骥、李前宽夫妇等等都很优秀，第一届中国电影导演协会年度奖颁奖典礼给我，我非常感激。我在很多的场合听到这样的话，我不偏向于某某，也没有什么第五代的夸张的行为，其实是符合事实的，我解释过。在这里，我也郑重地声明，对于咱

吴天明荣获终身成就奖

第五章 迷雾漂流 难舍中国电影

们的一些年轻导演的支持，这件事情，我们应该帮助他们，我们对他们只是帮助，他们所取得的成就和我们没有什么关系，但是相互介绍的时候，有很多说这是某某的老师，我身上泛的是他们的光彩。反过来我要感谢导演，感谢张艺谋、黄建新、何平、周晓文、滕文骥他们，我要感谢他们。另外，这个奖，刚才建亚说，好像是不能拍电影了，好像说给我前半生，其实我今年才32.5公岁，谢晋导演82岁还拍戏，今年是一部电视剧一部电影，我算了一下，我再多干二十年应该没有什么问题。

今天我们有非常多的年轻的导演，看到陆川等等，我由衷的高兴，他们是继第五代之后的第六代、第七代。昨天有记者问，我说可以和第五代媲美了，我向谢晋导演学习，再干二十年。让我们大家一起为中国电影的繁荣、为中国电影做出贡献。

拿着中国电影导演协会授予的"终身成就奖"与奖金十万元，当主持人问他怎么安排这笔钱时，他说要捐献给石玉峧村（老井村）修路。海尔集团的张瑞敏看到电视播出的采访后，马上安排人与吴天明联系，合力实现了石玉峧村通路的愿望。在中国电影诞生百年纪念大会上，吴天明获得国家人事部和广电总局授予的"国家有突出贡献电影艺术家"称号。

WU TIANMING
YISHU
HUAZHUAN

— 第六章 —

薪火相传　倾力中国电影

吴天明摄影作品

第六章　薪火相传　倾力中国电影

圆梦曲江？

虽然吴天明玩命似的拍摄了四部电视连续剧，但他还是更想拍摄一些有分量的电影。"十多年来，眼看中国电影在迷惘中艰难地爬行，作为一个将电影视为生命的热血汉子，我心中充满了焦虑。2005年底，经由好友许还山介绍，一个叫段先念的人找到我，开门见山地说，我们投资八个亿，你给我拍四部电影——周秦汉唐！我惊愕地张着嘴半天没喘上气。"2006年，吴天明对《国际教育周刊》记者说。

西安曲江新区管委会方面邀请吴天明担任董事长，公司注册资本五千万元，另设立影视风险投资基金四亿元组建曲江影视投资集团。2006年4月29日，西安曲江新区大唐芙蓉园的大堂里，四百多位中外嘉宾见证了中国影视行业的一个新生命——西安曲江影视投资（集团）有限公司的挂牌成立。开业当天，吴天明不仅邀请了国家广电总局的领导、美国电影人以及国内谢晋等艺术家从各地来到西安，台湾影视文化名人焦雄屏，香港著名导演徐克、尔冬升更是从香港包了专机来到陕西参加开业典礼。

庆典结束，吴天明带着十几位朋友到秦岭游玩。路上，朋友问他今后怎么运作，他开心地笑着说："两年前，我在张贤亮的西部影视基地抽到了一支上上大吉签。张贤亮说，他的几百支签里只有这一支最吉利，说我会有好运。"

吴天明与著名导演谢晋（中）、时任西安曲江新区掌门人段先念（右）在一起

第六章　薪火相传　倾力中国电影

谢晋、杨贵媚、吴思远、徐克与吴天明在"曲江影视"成立大会上（左起）

吴天明滔滔不绝地聊了今后的创作蓝图，要再圆一个西部电影梦。但是，吴天明的弱点也是他的傲骨，他要追求的是自己的艺术理想，票房、卖座，似乎他都不上心，这为日后的分手埋下了伏笔。

他或许是要为自己的心灵世界留住一片珍贵的情感空间，留住几多动人的历史回声；他或许是在用诗人的目光审视自己一生的行程，重温那遥远起伏、百折千回的心路。

现在要从零开始，重振西部电影，要让国内外观众看到，中国西部电影的镜头不是在宣扬西部的落后愚昧，中国电影的太阳将再一次从西部升起，吴天明认为这是一个可以再次点燃梦想的地方。

按照曲江的说法，在未来他们将先后推出十二条影视产业的优惠政策，整合省内外三十多家优势影视企业，要一举成为中国影视行业的一支生力军，而且要筹拍周、秦、汉、唐系列历史巨片和大型纪录片《飞越秦岭》《道北七十年》等，

吴天明在西安曲江电影编剧高级研习班上接受媒体采访

要构建影视产业集群，建设中国影视硅谷，等等。

回国的十年间，吴天明仅拍了《变脸》《非常爱情》《首席执行官》三部电影，四部电视剧其中还有一部被禁播。彼时，电影市场还很冷清，敢于投拍电影的人少之又少。吴天明即便名动江湖，寻找资金依然不易。所以，面对"曲江影视"的邀约，他跃跃欲试，甚至把以前西影厂的老骨干们也都招致麾下，摩拳擦掌，准备大干一场。

"如今，'曲江影视'有充足的资金，有深厚而广博的城市文化资源，有优惠的文化政策，更有一群为理想玩命的年轻人。感谢上帝，我找到了圆梦的地方。"吴天明在担任"曲江影视"董事长的就职演讲上说，"从梦开始的地方（西影）到圆梦的地方（曲江），直线距离不到四百米，我整整跑了四十六年！"。

不妥协的吴天明

文学大师与电影大师

第六章　薪火相传　倾力中国电影

接下来落到实处的却是另一番景象。吴天明的办公室坐落在西安曲江新区的会展中心。巨大的落地窗、一尘不染的大理石地面、两米宽的红木写字台，还有坐下去听到噗的一声继而伴随一股新鲜皮革味道的老板椅，一切看上去豪华而阔绰，像是崭新的连号纸币。置身其中，它的商业、自律和整洁却给人带来一种约束，更约束的地方还在后头。手上的项目渐渐地从无到有，眉目清晰，可上报集团的时候，总以"预算太高""题材不够商业"等理由被批驳下来。

集团会议上，六十多岁的吴天明即使气得拍桌子也于事无补。经过多次协商，曲江领导终于松口同意他拍片，吴天明立即筛选题材。他对陕西扶风县法门寺传奇逸事心仪已久，多次亲自登门和相关专家学者、高僧座谈、聆教，搜集相关史料素材，在北京着手组织剧作家写剧本。

只要能拍自己想拍的题材，吴天明必是一副以命相搏的专注和亢奋姿态。连续两年多的时间里，他马不停蹄地奔走，联系法门寺相关领导，不分昼夜地冥思苦想、策划，每时每刻都在自己的心幕上推敲着未来电影的诸多方案，每一次的肯定和否定都交织着新的苦恼和喜悦……他邀请国内著名编剧邹静之、芦苇等筹备剧本，两年五易其稿。终于有一天，吴天明透过老搭档许还山的玻璃门，快乐得像个孩子似的告诉许，《法门寺》的本子可以了，能成立了，可以做实质性的筹备了。就在吴天明撸起袖子准备带领大家大干一场的时候，却忽然接到上级通知："法门寺这个电影项目取消了！"诗人气质的吴天明再一次陷入失望。

匡扶新人

电影拍不成，忍气吞声的吴天明还是很想做一些与中国电影密切相关的事情。他提议，将国内所有热爱国产电影的年轻人拍摄的电影作品集中展映，评选优秀的作品，除给予奖金外，还协助向市场推送发行，目的在于大力扶持新人，即著名的"中国电影新人新作展"。2007年6月6日，西安推介新人新作新电影的"曲江电影论坛"在吴天明的努力下终于举行，苏叔阳主持了本次论坛，谢飞、尹鸿、郑洞天、魏明伦、于冬、金铁木分别做了主题演讲。

论坛最后，西安市文化局局长严彬女士宣读了论坛宣言，提出了本次电影论坛的四点倡议：其一，社会各界应该特别关注新导演、新演员、新影片的成长，给他们宽松的氛围，谅解他们的失误；其二，电影投资人、出品人应该对他们信任、帮助、扶持；其三，电影人之间要谦虚，相互学习；其四，举办专门的青年艺术电影节，为青年导演铺平通往艺术殿堂的星光大道。

这次"中国电影新人新作展"不仅让曲江方面在全国大放异彩，更是让成立不久的公司知名度大幅提升。据时任活动总秘书长的许还山回忆，活动得到了曲江主要领导的高度表扬。

2008年3月28日，为挖掘电影编剧人才、推动中国电影的快速发展，吴天明在举办了首届西安曲江中国电影新人新作展、大力扶持数位中国青年导演之后，

第六章　薪火相传　倾力中国电影

培训会上的吴天明

快乐的吴天明

又大胆提出举办电影公益文化活动"西安曲江电影编剧高级研习班"的想法,得到了国家广电总局、陕西省委宣传部、西安曲江新区等部门的大力支持。在研习班的授课教授方面,除了已花费重金邀请的两位好莱坞编剧大师理查德·沃尔特、杰尼特·内布里斯外,还邀请了国内著名导演郑洞天,著名编剧、北京电影学院文学系主任、博士生导师刘一兵,著名导演、制片人彭小莲,著名编剧、中国电影文学会会长王兴东,吴天明也为学员讲述自己的经历和体会。

在吴天明的组织下,原定六十人的研习班,一下子来了一百六十多名学员,有职业编剧、工人和在职干部等。来自全国各地的学员们心无旁骛,每天聆听大师、教授们授课,观摩影片,师生互动,讨论争辩。从开学到结业长达二十天的日日夜夜里,吴天明就像一只老母鸡从早到晚护着雏鸡一般,既是老师又是学生,同吃同住同听课,从不离开。所有学员无不亲身感受到曲江电影文化产业的雄心魄力以及吴天明的良苦用心。

只是让人遗憾的是,从2006年受命于曲江影视,八年过去,直至生命终止,吴天明煞费苦心地筹措了一个又一个剧本，从《法门寺》《秦始皇大帝》到《农民日记》《逃港者》《横山起义》等，都被投资商以各种理由否定了。

2012年与曲江签约期满。大年初六，吴天明约了著名作曲家赵季平、老搭档许还山以及芦苇等一起聚餐。吴天明告诉朋友，暂时会离开西安，他还是想拍电影。

WU TIANMING
YISHU HUAZHUAN

— 第七章 —

《百鸟朝凤》 大师绝唱

吴天明摄影作品

第七章 《百鸟朝凤》 大师绝唱

不变的电影情怀与信念

2010年夏天,吴天明看中了《当代》上的一个中篇小说《百鸟朝凤》。小说讲述了一个新老两代唢呐艺人为了技艺的传承、为了信念的坚守所产生的真挚的师徒情、父子情、兄弟情的感人故事。

在无双镇,吹唢呐这种传之久远的民间艺术,绝不止于娱乐,更具意味的是,它是在办丧事时对远行故去者的一种人生评价——道德平庸者只吹两台,中等的吹四台,上等者吹八台,德高望重者才有资格吹"百鸟朝凤"。这支高难度的曲子,也只有领军的唢呐高手才能胜任。整个无双镇,只有四方闻名的焦家班班主焦三爷能吹"百鸟朝凤"。焦三爷老了,急需培养接班人。培养谁?怎样培养?如何率先垂范?能够进入焦家班的学子必须人品端正、忠守唢呐艺人的德行,从骨子里做到"唢呐离口不离手"。徒弟游天鸣初进焦家班时年幼稚嫩,对焦三爷十分敬畏,虽然心有不甘被父亲"抛弃"在焦家班学艺,但仍有为争家门荣光、全力博取师父赞许的信心。

为了拍摄《百鸟朝凤》,吴天明特意请来当地的唢呐专家手把手教授演员唢呐技艺,每一个把位、指法都要准确。在创作《百鸟朝凤》时,吴天明已经72岁,剧本改了很多稿都不满意,最后他自己闭关一个半月逐字修改,经常改到痛哭流涕。

据吴天明的女儿吴妍妍后来透露："他经常一个人坐在那儿哭，其实他生活中是个很幽默、很热爱生活的人。当时中途他去天津改剧本改了一个多月，我去看望他，墙上贴的全是修改剧本的稿纸、便条。当时我就问他，改得怎么样，他说不错，改得他每场戏都要大哭一场。我还调侃他说，您可真逗，您自己写的剧本还把自己感动哭了。他则回答，那是当然，如果都不能把自己打动，怎么能把观众打动呢！"几十年来，吴天明从来没有离开过自己的本行——导演兼制片人。

拍摄《百鸟朝凤》时，吴天明将

《百鸟朝凤》海报

多年积蓄的电影情怀再次释放，他认为这是自己的一次言志之作。

争强好胜的吴天明自信能慢慢崛起，他不信邪。难道市场完全被商业片、打斗片、搞笑片、三角恋爱片占领了吗？好的艺术电影就不能有高票房吗？

为了以自己的方式捍卫电影创作的尊严，吴天明恪守当年拍《人生》《老井》时的传统：要求演员和主创到组后深入生活，研讨剧本，自己则广纳众人的智慧，丰富完善创作；要求剧组严格管理，不做祸害百姓的"蝗虫"；本人虽身兼导演、制片人的重担，却坚持与剧组同住在条件简陋的招待所，吃同样的饭菜，不搞特殊化；要求演员们一到剧组就穿上角色的服装，到麦田学割麦，跟唢呐指导学吹唢呐，在阳光下晒黑皮肤，一举手一投足要像自己扮演的角色。

2012年7月，老友许还山来到《百鸟朝凤》外景地合阳探班。当他看见被

第七章 《百鸟朝凤》 大师绝唱

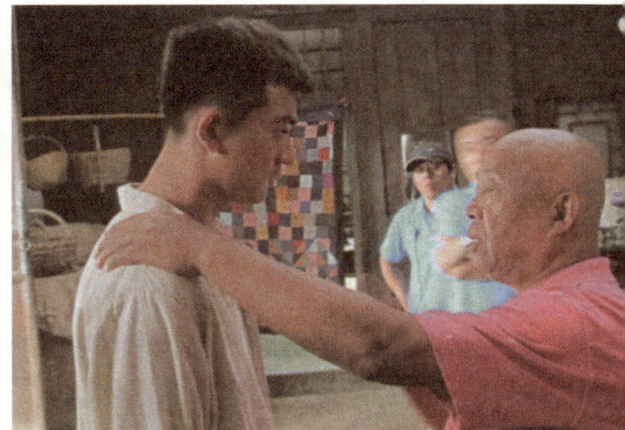

吴天明在电影《百鸟朝凤》拍摄现场给演员说戏

晒得黝黑的吴天明泡在水里给小演员说戏，难过得直掉眼泪。

2012年底，影片终于拍摄完成。吴天明朴实的创作态度，强烈、持久的电影精神感染着大家，以此向多年前中国电影人为艺术执着探索、锐意创新的纯真年代致敬。"这样扎实于生活的创作正在远离我们，也许，我的方式会被很多人嘲笑为'走土路''走回头路'。但是，与讲求金钱与利益的星光大道、商业大道相比，我偏要走这样的土路，踏在这样的泥土地上，我的脚底下才能感觉到力量。中国电影不缺钱，但是缺乏精神的回归，缺乏对艺术的真诚、对生活的热情和对社会对人生的思索。伊朗影片《一次别离》只花了三十万美元，艺术风格质朴无华，但人物所体现出的人格和信仰的内涵，赢得了世界的尊敬。我们需要这样的电影，而不是奔着名利去随波逐流。"在电影里，唢呐匠那句"唢呐是吹给自己听的"，也许正是吴天明的体验和倾诉。2013年9月，《百鸟朝凤》获得第29届中国电影金鸡奖"评委会特别奖"。

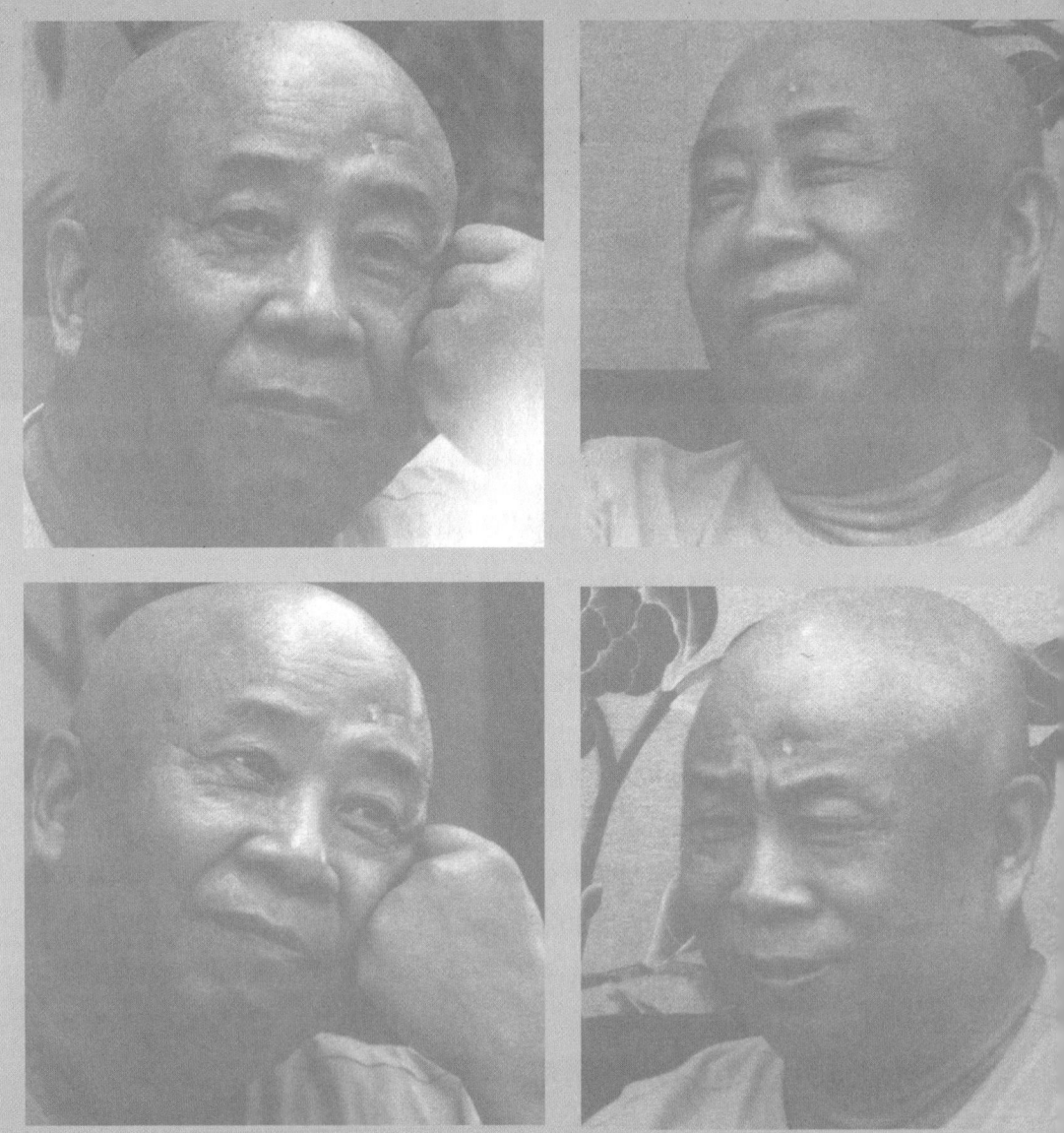

吴天明组图

未竟的电影事业

2014年2月,《百鸟朝凤》完成最后的制作。

最后的电影一语成谶,仅仅一个月后,吴天明如《飞越老人院》里自己饰演的老周一样,因病离世。

吴妍妍说,父亲在去世前一天,还跟她聊过电影的发行问题。父亲去世后,她发现父亲手机上有一条短信是发给一个著名发行公司老总的,希望这位老总来看看《百鸟朝凤》,帮着出出主意。可是消息发出后如石沉大海,没有回音。

从2014年开始,吴妍妍就拿着电影拷贝四处找寻发行公司。她找了十几家,听到的都是一致的回答:电影是好电影,可是他们不知道怎么卖,怎么盈利?!

拿着父亲的遗作,吴妍妍彷徨无措。直到几个月后,她遇到了著名制片人方励,情况才有所改变。

谈起《百鸟朝凤》这部电影与方励的缘分,吴妍妍说,为了继承父亲的遗愿,她在父亲去世后与中国电影基金会等成立了吴天明青年导演专项基金,致力于扶植青年电影人事业,挖掘中国电影新势力,基金会找到方励担任评委,就这样,吴妍妍认识了方励。一天,吴妍妍请方励看电影《百鸟朝凤》,请他提提意见。"看完电影方励老师背过身半天没说话,我当时心里特别忐忑,等他转过头来满眼都是泪水。"当时方励问吴妍妍需要做什么,吴妍妍说需要宣发的费用,方励说:"需

第七章 《百鸟朝凤》 大师绝唱

电影《飞越老人院》海报

要多少？我给，你缺多少钱我给你补多少，一定要把这部电影推出去。哪怕头破血流，也要为了这部电影跟市场打一仗，让观众都看到吴天明导演的这部好作品，这样我们才对得起这位艺术家。"

吴妍妍充满感激地说，有了方励之后，一切都改变了。4月24日傍晚，《百鸟朝凤》首映式上，几十位唢呐艺人专门从陕西赶来北京，为吴天明集体吹奏了一曲《百鸟朝凤》，再现了电影中感人的一幕。唢呐艺人代表现场表示，他们看了《百鸟朝凤》之后都很感动，于是自发来支持吴天明的这部绝唱。"我们要来看看这位最懂我们的人，为他吹奏一曲真正的《百鸟朝凤》。"

后来方励在多家媒体采访中特别声明，自己不是《百鸟朝凤》的制片人，"我是作为'志愿者'来助威的"。他说，《百鸟朝凤》是"电影中的电影"，每次看片都被感动落泪，因此毅然决定亲自带领"志愿者"队伍，集结社会各方力量与业内同人，为电影推广尽其所能。"赚钱的机会多的是，可是中国只

电影《飞越老人院》剧照

第七章 《百鸟朝凤》 大师绝唱

有一个吴天明,也只有一部《百鸟朝凤》。能为这部电影做点事情,是很幸福的。我赚到的是骄傲和幸福感,太值了。"方励认为,《百鸟朝凤》最感人之处,在于传递了一种做人的"范儿":"这部电影讲述的不是一个故事,而是一种意境。不管外界多么喧嚣浮华,心中一直有自己的坚持,这是这个时代特别需要的。"

在方励的帮助下,加上吴天明在电影圈的地位,越来越多的人加入到支持《百鸟朝凤》的队伍中,圈内多位重量级电影人义务为之宣传。喇培康、吴思远、江志强、于冬、张昭、叶宁、赵军、周铁东、谢维嘉等影业大佬纷纷通过手书形式对影片表示支持。影片点映时,黄建新、贾樟柯、徐克、张一白挨个站台;首映礼上,谢飞、黄健中、陈凯歌、何平、管虎、张扬、李玉一字排开为影片造势。一直视吴天明为恩师的张艺谋还自费包场,邀请亲友观看影片。陈可辛、许鞍华、韩寒等也通过各种渠道发声支持。就连一向低调的李安也特意为影片录制了视频,娓娓道来自己与吴天明的过往。在吴妍妍的一封信后,好莱坞大导马丁·斯科塞

吴天明与《百年朝凤》剧组

斯立刻答应拍视频支持。为了录制视频，他专门叫了灯光、化妆、拍摄等一系列专用团队。

2016年5月6日，这部"匠人"情怀的电影才得以于拍摄四年后在全国公映，总算在银幕上与观众见面了。

但自公开首映以来，虽然有这么多名人支持，仍旧没办法改变这部影片低票房的结果。《百鸟朝凤》上映当日，排片就仅仅只有1.9%，之后一直降到0.6%，且绝大部分场次被安排在上午或晚上十点以后，上映7天，累计票房366万，怎么办？

5月13日，方励在微博上直播了《百鸟朝凤》宣发的辛酸和感悟，他历数了宣发费用少、院线不配合的艰难。说到动情处，头发花白的方励双膝跪地磕头，含泪祈求影院能为这位已故优秀导演的最后一部作品增加排片。他说："所有影城经理，我不是个俗人，也不是个善良的人，但为了《百鸟朝凤》，我代表我们团队、代表剧组、代表想看到这部电影的观众下跪。二百多人干了八个月，才给我们百分之一点几的排片。我今天这一跪，是希望大家能在微博、朋友圈上推荐一下《百鸟朝凤》……这是我们自己的电影，这是我们中国的文化，所有的影院

第七章 《百鸟朝凤》 大师绝唱

吴天明在《百鸟朝凤》拍摄现场

经理,咱们能不能支持一下?人的一生要是只为钱而活,那多单调?人的一生总要有一次骄傲,有一次任性吧?……"

这一跪也迅速引发了市场效应,《百鸟朝凤》谢幕票房定格 8690 万元。对于更多业内人士而言,《百鸟朝凤》成为中国文艺片发行史上的现象级事件,不仅在于用票房为国内的文艺片市场注入了一针强心剂,更在于引发了行业内关于中国文艺片发行困境的思考与行动,昭示了中国电影分众市场的可能性,并直接催生了国内首家文艺片宣发公司的创建。

吴天明用农民般的勤奋、朴拙、厚重导演了人生最后一部作品《百鸟朝凤》,而他坚守的正是一条与《人生》《老井》《变脸》《首席执行官》等一脉相承,并与时俱进的中国特色、中国风格、中国气派的深化现实主义电影发展的道路。

"只有把唢呐吹到骨头缝里的人,才能拼着命把唢呐传承下去。"电影《百鸟朝凤》讲述的不仅仅是唢呐的故事,唢呐匠游天明也是吴天明这位"导演匠"的真实写照。电影美学家钟惦棐曾这样评价吴天明:在电影创作题材"集中在山明水秀、月白风清,而又是财源茂盛之区"时,他"已不满足于时尚,而企图和自己的乡土联系起来,从中开拓出中国银幕的新境界"。

吴天明与陶泽如

WU TIANMING YISHU HUAZHUAN

─ 第八章 ─
永远的怀念

吴天明摄影作品

第八章　永远的怀念

2014年3月3日晚上,许还山收到一条吴天明从北京发来的短信,是一篇关于心脑血管的文章。许还奇怪,这个每天只关心国家事、天下事的老伙计怎么今天晚上忽然关心起老朋友的身体了。

3月4日早晨,正在练习书法的许还山忽然接到西影老同事的电话,吴天明在北京逝世了。他惊得半天没有站起来。

吴天明辞世的消息很快传至山西,晋中人无不感到遗憾。曾经担任拐儿镇镇长的邢兰富在网上看到消息后,打电话给老井村村长,希望他能去参加相关吊唁活动,实在没条件,至少送一个花圈,表达太行人的心意。

3月10日下午,吴天明导演的追思会在北京电影学院举行。张艺谋、陈凯歌、田壮壮、黄建新、顾长卫、芦苇、谢飞、郑洞天、霍建起、蒋雯丽、陶泽如等圈内导演和演员纷纷前来,缅怀吴天明。时任广电总局电影局局长张宏森也来到现场。此刻,难得的第五代导演齐聚一堂,陈凯歌回忆,在为《黄土地》采景时吴天明如何帮他找车送回家乡;黄建新回忆,当《黑炮事件》遭遇审查困境时,吴天明如何敢于承担责任支持他;顾长卫回忆,吴天明如何豪爽地分房子给他;郑洞天回忆吴天明在春节档两部"就那样"的影片票房单日双双过亿时的困惑……

吴天明导演追悼会上

第八章 永远的怀念

谢飞：他才华出众，胆识过人。在那个黄金时代，边学习，边创作，把继承与创新相结合，把优良传统推向新的高峰。《人生》公映后，很快成为票房最高的影片，获得百花奖、金鸡奖。在四川成都，当《人生》剧组站到主席台上的时候，整个操场响起海潮般的欢呼，我顿时就掉下了眼泪。

张宏森：鲁迅先生说过这么一段话，我们自古以来，就有埋头苦干的人，有拼命应战的人，有为民请命的人，有舍身求法的人，这些人就是中国的脊梁。我觉得把这句话放到天明老师身上，也非常的恰当。他是中国的脊梁，更是中国电影的脊梁。天明是第四代导演的代表人，当第五代导演崛起的时候，不光冲击了历史，冲击了一代人，也冲击了吴天明导演本身。但是就在这样一种背景之下，吴天明敢于甚至是热心去扶持这样的新生力量。这样的文化胸怀、道德精神，弥足珍贵。

黄建新：那时候《黑炮事件》审片时有人问，导演是哪的，是电影学院的吗？我就觉得要坏事。后来这个片子遇到了非常非常多的麻烦，谈了三天，谈出来了一百多个问题，让我删掉。天明就说了一段话，《黑炮事件》是我让他们拍的，我喜欢，现在没通过，责任跟他们没关，所有的责任是我，是我吴天明。我的眼泪瞬间就掉下来了，这就是吴天明。

郑洞天：1984 年 5 月 27 日，吴天明和谢晋等当年获得金鸡奖百花奖的导演在四川举办交流活动，一万两千名到场大学生在听完讲话后，冒着大雨观看了《人生》，并集体高喊"电影万岁，《人生》万岁"。吴天明是这块土地的儿子。我们电影导演协会给他颁奖，发给他十万块钱，当时天明说，你能不能给老井村（电影《老井》拍摄地）一点钱，现在他们住得还挺苦。

缅怀吴天明

芦苇：评论家都说天明是第五代导演的教父，我是目睹者。天明为了给第五代争取机会，给人下过跪。天明在扶持他们每一个人的时候，都顶住了很大的压力。这个事情别人不知道，我是西影厂的老职工，我是知道的。天明对他们这代人的成长，有担当，有风险，他顶住了压力。

张艺谋：我们都需要感恩。在当年的计划经济体制下，一个厂长能决定你的一生，而我们这批人几乎都是在西影厂拍出了自己的第一部电影。我们会永远记住吴天明导演对才华的爱护。当年拍摄《老井》时，吴天明导演让我体验角色生活的做法，我在创作里一直坚持使用。

陈凯歌：吴天明是个正直坦率的人，待人接物的诚恳是他性格魅力的主要方面。我记得很清楚，当时《黄土地》还没拍，我们采景的时候，他正在陕北拍《人生》。我们四五个人没有车坐，都是走一程，再想办法看下一程坐什么车。吴天明知道了，直接给我们派了一辆车。回程中间我第一次见到他，非常感激。作为当时中国电影的最大推手之一，吴天明的个性影响了当时的年轻电影工作者。在他的影响和推动下，当时的中国电影健康清新，关心劳苦大众，可以和世界先进水平进行比较。

田壮壮：我当年刚毕业拍片时，经谢飞导演介绍认识了吴天明导演，吴导为我提供了很大的便利。不管什么时候见到他，跟他打个电话，总觉得他像一把伞一样保护你。我想这是天明的本能，他永远给你那种温暖的关爱。很多人都想表达对天明的敬意，我反而觉得他给我留下的最深刻的，是在天地之间的那种快乐，他代表的是一种慈悲、一种关爱、一种永远打不垮、压不倒的精神。

焦雄屏：在《聚焦》节目中，我与吴天明做了一次长谈。访谈中，"忆往昔"的部分可以说是精彩纷呈，令人心潮澎湃；"谈现状"

第八章 永远的怀念

"老顽童"吴天明(一)

的部分,则在愤世中透露出些许无奈。"江山代有才人出,各领风骚数十年",这个曾经作为时代弄潮儿的西北汉子,在迟暮之年似乎被这个变化得太快的时代甩在了后面。然而,吴天明对于电影的赤诚,对于影坛的关切,对于创作的渴望,却是有目共睹的。

张清:他特别能接受新鲜事物,每次来北京,一大堆事物都看。他不仅在思想观念上新,技术上也玩得可溜了。我还没见过iPad,他就拿那个给我照相了。你看他外表像一个农民,可是他会的东西,他脑子里想的东西,完全是现代的。

每个人都拥有自己的黄金年代。在电影的星空和历史的长河中,吴天明自有他独特的光彩。这份光彩格外的灿烂,照耀和温暖着所有在电影艺术的道路上踽踽独行的朝圣者们。

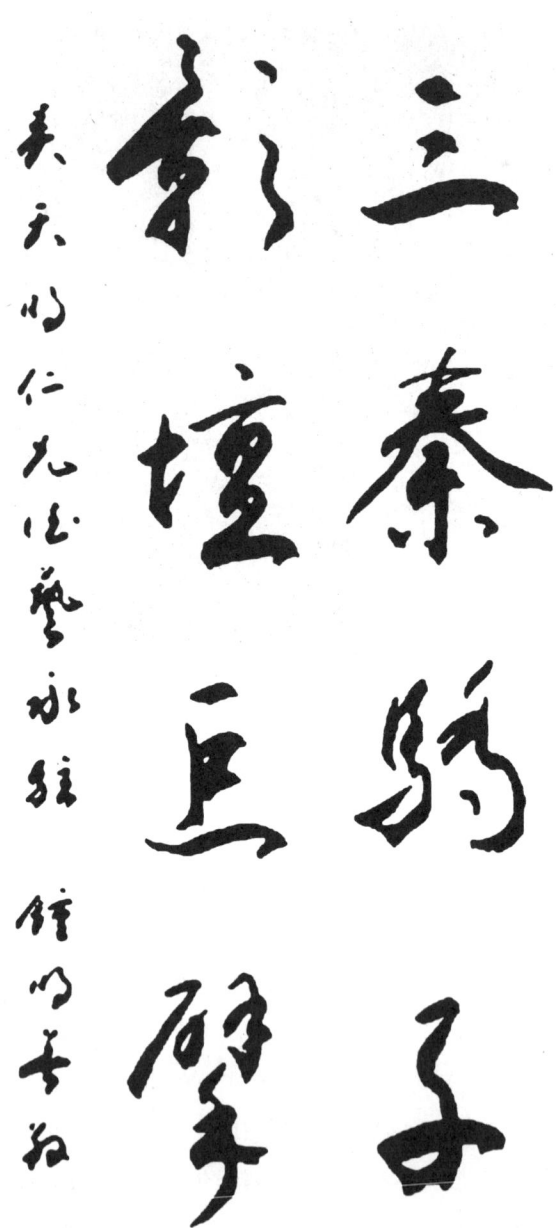

书法家钟明善为吴天明题词：三秦骄子，影坛巨擘

第八章　永远的怀念

"老顽童"吴天明（二）

2015年3月，吴天明逝世一周年。在许还山的号召下，陈忠实、张艺谋等捐款五十三万元为其塑像。当一块红布被众人拉开后，总高3.5米的人物雕塑映入眼帘，迈开脚步的吴天明一手拽着帽子，另一只胳膊上搭着外套，凝视前方，表情淡然自若，但亦步亦趋的姿态，又好像他下一秒就能喊出"开拍"二字。"这尊并非静态的雕像，很符合吴老师坦坦荡荡的性格。"青年演员王声上过吴天明的专业课，听闻塑像揭幕他也赶到现场。"他对年轻人的帮助是慷慨的，我一个同学去年要拍电影，曾打电话请教，他一听马上就让把本子拿去给他看。"

永远的怀念

第八章　永远的怀念

西安美术学院雕塑系教授、博士生导师、全国城市雕塑艺术委员会委员石村承担塑像的全部创作。"石村从未见过吴天明，但凭一堆照片，三天就拿出设计方案初稿，立即得到全体参评人员的认同。"

同样是中国第四代导演的谢飞说，看到有这么好的塑像坐落在西影的土地上，成为西安的印记，不由得让他想起《怀念战友》这首歌。"当我永别了战友的时候，好像那雪崩飞滚万丈……我个人认为，第四代导演的很多作品都不错，但小众，唯有吴天明的电影能广为人知。他擅长表达现实的风格，像指挥官一样引领下一代电影人的导演风格。"西部电影形成流派，走出国门，代表着中国电影，铸就了一个传奇的电影时代，吴天明功不可没。

附录一　吴天明导演心得自述

探寻真实之路
——《没有航标的河流》导演心得

1980年，我和滕文骥拍了那部胡编乱造的《亲缘》以后，好像时时感到观众从影院里传来的斥责声。我横下了一条心，发誓要在影片的真实性上向前迈进一步。之后的两年在《没有航标的河流》的创作中，从选择剧本到开拍前的筹备，从拍摄到后期制作，我和摄制组的全体人员采取了一系列措施，努力克服各个创作环节上的虚假现象，总算搞出了一部比较真实的影片。

下面我想谈谈自己在《没有航标的河流》（以下简称《航标》）创作中的粗浅体会：

1. 选择剧本

我出生在农村，从小在农村生活，进城后，仍同农村的亲友经常保持着联系。因此，我比较熟悉农民，对反映农村生活的作品有一种特殊的感情。而对《亲缘》所描写的那种现代台湾的"人情物理"，我不仅陌生，而且感到格格不入。在接受拍摄任务之前,我甚至连海岛都没见过,哪里唤得起创作的激情呢？每一个导演，

附录一

尤其是我们这些刚刚起步的中青年导演,在艺术创作中,必须扬长避短,在自己熟悉的生活领域里寻找创作的素材,开辟自己的创作道路。

1981年5月,当我第一次读到叶蔚林同志的中篇小说《在没有航标的河流上》时,一下子就被作品那浓烈的泥土气息陶醉了。作品中那血肉清晰的人物形象以及深沉而博大的思想内蕴震撼着我,使我产生了强烈的创作冲动。

读完小说的第二天,我从西安飞抵北京,赶在叶蔚林同志之前到了京西宾馆(叶蔚林前往北京参加1980年全国优秀中篇小说授奖大会)。我和叶蔚林交谈了不到一小时,他就慷慨地将已经改编好的电影文学剧本《没有航标的河流》给了我。我想,他大概是被我的创作激情感动了。

叶蔚林同志在《航标》中塑造了盘老五、吴爱花、石牯、赵良、改秀等一群个性鲜明、血肉丰满的艺术形象,闪烁着性格美的光彩。

《航标》剧本在人物描写上,突破了公式化、概念化的樊笼,在揭示人物美好品质和情操的同时,没有回避人物的缺点和弱点,没有对他们的人性进行矫饰和净化,而是依照人物的本来面貌,真实地再现了他们作为活生生的人的全部复杂性和丰富性。这些艺术形象,具有很高的美学价值。

《航标》剧本的情节结构摆脱了传统的"戏剧化"图圈,没有故设悬念、故弄玄虚,而是随着人物性格、人物关系和情势的变化循序发展,自然流畅,令人耳目一新。

剧本通过木排上的一个小社会,揭示了我国现实生活中的人世百态、人情美、人性美、心灵美,富有哲理性。剧本所拓展的主题,内涵丰富,耐人寻味,发人深省。既有欣赏价值,又有认识价值。剧本在表现形式上朴实无华,没有任何赶时髦的矫饰之态。

叶蔚林的电影文学剧本,为我们在影片中的二度创作,提供了一个坚实的文学基础。

我把剧本拿回厂,厂里审看后即决定投产。从我看到小说到厂里决定投产,总共只有十四天时间。这样的速度是不多见的。可是没多久,不知从什么地方吹来一股冷风,说《航标》有政治问题,听说有的领导同志连剧本都没看,一看标题就说不行,"没有航标"是影射"没有党的领导!"于是乎,各种意见劈头盖脸地压了过来,什么"盘老五是老流氓"啊,"赵良说一年吃斤把子酱油是给社会主义农村抹黑"呀……这样一来,我们不得不对剧本反复地进行"修改",挖空心思地增加"亮色"。修来改去,不仅耽误了拍摄季节,剧本简直有了"流产"的危险。1982年3月,厂里终于决定剧本上马了。这要感谢电影局的有关领导和我们厂的主要负责同志的支持,也要感谢作家叶蔚林和《航标》筹备组的创作人员,是他们和我一起迂回曲折地软磨硬抗,才使剧本能够在基本保持了原貌的情况下投入拍摄。

怎样制止虚假影片的问世?

我以为,行之有效的第一招儿,就是导演要把好剧本关。这一关要把好,导演必须有识有胆,即有分真假、辨优劣的本事,又有坚持真理、抵制错误意见的胆量。对于那些高质量的好剧本,要敢于坚持自己的意见,据理力争。对于那些虚假低劣的剧本,不管来自哪个方面,都要敢于抵制。如果导演们都能做到这两点的话,我相信大部分虚假的影片就没有投胎问世的机会了。

2. 导演构思

有了一个好剧本,并不等于有了一部好影片。正像"同一部音乐作品,每一个演奏家将按照自己的理解去演奏它"一样,同一个电影文学剧本,在不同的导演手中可以拍成完全不同的影片。这里除了风格的差异外,还会有高低优劣之分。

导演对剧本的思想内涵和人物形象有无准确、深刻的理解,对未来影片的风格样式、结构方法、造型特点、声音构成和节奏起伏等有无统一的构思,将决定影片的命运。导演如果对未来影片考虑好了一个总体的、统一的创作原则,那么影片的各个组成部分将会组成有机的、完美的整体。否则,未来的影片必将是支离破碎的,各种手法都会成为矫揉造作的、不真实的东西。

怎样理解和处理《航标》的主题思想,是摆在我面前的首要问题。《航标》

像许多优秀文学作品一样,有着多意的、深刻的思想内涵。作品通过木排上的三个放排人盘老五、石牯、赵良的性格冲突,揭示了他们淳朴、善良的优秀品质和高尚情操;通过盘老五与吴爱花、石牯与改秀两对爱情关系的描写,歌颂了爱情的崇高价值;通过盘老五们舍身忘死地保护挽救党的好干部徐鸣鹤的义勇行为,表现了党群之间亲密无间的鱼水关系;盘老五们同李家栋之流的英勇斗争,则揭示了政治邪恶势力必将灭亡的命运;赵良的贫穷、吴爱花的乞讨、老魏头被剥夺了谋生的手段,还有双河街上那种种令人窒息的闹剧,等等,则展现了错误路线下的一个民不聊生、百废待兴的社会生活图景……真善美在与假恶丑的拼搏中迸射出灿烂的光辉。人在与自然和社会的斗争中显示了自己不可凌辱的尊严和不容蔑视的价值。

个人主题与社会主题的有机交融,构成了《航标》主题的多义性,由多义性的主题,拓展了博大、深刻的思想内涵,包容着丰富的哲理,使人思索联想,激动感奋。

假如我们对剧本的主题缺乏总体的把握,而为了加强所谓戏剧性,从中抽出一两条爱情纠葛的线索或盘老五们与李家栋斗争的线索加以扩张和延伸,再删掉所有的旁枝杂叶,那么,不仅会使影片落入公式化、概念化的窠臼,而且必然会损伤它高度的思想意义。

《航标》是一出具有浓郁的悲剧色彩的正剧,它一反传统的戏剧结构方式,没有一条贯穿终始的情节线索,没有起、承、转、合的矛盾冲突序列,仅是一条河、一张木排、三个放排人"随波逐流,随意干一些碰到眼皮底下的事情"。乍一看松散杂沓,实则是一首经过周密推敲的散文诗。凝重、隽永、含而不露,这就是影片应该追求的风格。

一切有生命力的艺术品,都是摒弃陈言以出新为特征的。电影语言的创新运动,如奔涌起伏的波涛推动着电影艺术的发展。新,首先要新在内容上,即富于时代精神的人物性格的新质和思想内涵的新意及其深刻性上。形式为内容服务,内容决定形式。形式只有达到与内容的完美统一,才能获得它有机的艺术生命。

举凡优秀作品，无一不是形式与内容的完美统一。那些一味追求所谓"新颖"的形式，而内容空泛的作品，都像电影地里匆匆来去的过客，很快就被人们遗忘了。

《航标》剧本中像泥土一样质朴的盘老五、赵良和石牯，像潇水一样纯净的吴爱花、改秀，与那被污染、被扭曲了的社会形成了鲜明的对照，显现出一种返璞归真的淳朴美。他们身上闪耀着我们时代精神的光彩。这是选择影片表现形式的决定因素，影片的表现形式必须像剧本中的人物以及由这些人物所体现的崇高的精神情操一样朴实无华，任何矫饰、浮华的手法，都会破坏影片的真实性。基于这种认识，我们决定在影片的蒙太奇结构、场面调度、画面造型、光色处理和声音构成等方面，老老实实地运用朴素的手法，以求形式与内容的和谐统一。

法国雕塑艺术家罗丹将一切虚假、做作，"但求浮华、纤美、矫饰……装模作样"的东西，统统斥之为艺术中的丑。对电影形式来说，何尝不是这样。表现形式只有和内容达到和谐统一，才能造成艺术美的境界。

细节的真实对于电影的重要性绝不亚于情节的真实。我们有些根据真人真事拍摄的影片之所以显得虚假，就是因为缺少真实的细节。更不必说那些从概念出发，去图解政策的影片了。

在《航标》中，我们运用了大量细节描写来充实影片的容量，加强影片的真实性，收到了较好的效果。就拿动作细节来说，盘老五用脚趾拨烟油、用裤腰扇凉、大把抓钱、一丝不挂地游泳等等，都在一定程度上点染了人物的个性色彩，加强了人物立体感。

赵良看着向他借钱的盘老五，嘴里说"没有"，却下意识地用手捂住了裹钱包的腰带。而当他在双河街药铺里听到盘老五要给徐区长买人参时，却毅然掏出钱包，打开一层层包装纸，慷慨地将十五块钱递给了盘老五。通过这些动作细节，人们可以清晰地透视赵良的那颗善良的心。

盘老五和赵良在晨雾中寻找石牯的那场戏里，我们给一群疲惫不堪的农村妇女安排了许多生活细节：有的用手指梳头，有的捧着草饭包吃饭。当盘老五和赵良走进稻田时，一个叫王桂芝的中年妇女闻声从草垛后面站了起来，并急忙系好腰带，扣起衬衫的纽扣……这些细节处理，既展示了环境的真实感，又加强了人物形象的清晰度，且对于浓化影片的生活气息起了很好的作用。

有人批评我们追求自然主义。如果说《航标》中这些细节处理叫作"自然主义"的话，我以为这样的"自然主义"我们运用得还不够大胆，不够精细。我们的影片要是更多一些这样的"自然主义"，它的真实性就可能进一步得到加强。

3. 摄影风格

各种流派、风格之间的相互渗透，相互影响，你中有我、我中有你，已成为现代艺术发展中的普遍现象。摄影镜头的纪实性能，要求它的被摄物必须具有逼真现实的形象。电影的艺术功能又要求被摄物体具有高度的美感，即欣赏价值。生活化、逼真性、多信息、心理透视、情绪渲染等已成为现代电影摄影的一些重要特点。

我们在《航标》的摄影创作中，做了一些尝试。

为表现环境的纵深感，我们大量运用了广角镜头。为保持画面朴素、平实的效果，我们摒弃了古怪刁钻的镜头角度，而尽量采用常人视角拍摄。用光方面，在力求自然的同时，注意制造渲染人物情绪的人工光，使光调既保持真实，又具有艺术美感。但是，由于我们努力不够，功力不济，在影片的光调处理上缺乏总体构思，所以出现了许多失误。该亮的亮不耀眼，该暗的黑不下去。一些阳光效果、黄昏效果、月光效果都不太理想。譬如盘老五游泳一场戏，本该用大光比、高反差来表现骄阳炙烤的气氛，渲染木排上的人们烦闷焦躁的情绪，但是，我们却用了正常的布光方法拍摄，因而画面显得比较清爽，尽管演员脸上和身上洒满了"汗"珠，却很少给人一种炎热感。

关于变焦镜头，我们使用得比较谨慎。由于变焦推拉造成的空间畸变，会破坏空间的纵深感，造成环境失真。又由于变焦推拉的主观强制作用会使观众产生一种心理距离感，所以在拍摄客观镜头时一般不宜使用。只是在必要和可能的情况，将变焦推拉与运动镜头结合使用。如果使用得当，有时会产生一种单纯运动镜头所没有的奇妙作用。在拍摄人物的主观镜头时，如果人物的空间关系不变，为了表现其视野的凝聚和扩大，可以适当使用变焦推拉。只有在这种情况下，变焦推拉镜头才能起到"仿生眼"的作用。

4. 表演风格

"美只有一种，即宣示真实的美。"电影表演亦不例外，世界电影流派众多，风格各异，但在表演方面都不约而同地朝着生活、自然、真实的方向发展。这是电影的本质所决定的。电影表演只有"宣示真实的美"，才能具有感染人、启迪人的美学价值。

我们中华民族向以蕴藉、隐忍的性格特征著称于世。含蓄、内向是中国人表达感情的主要方式特征。可是我们许多影片中的人物却悖于生活的情理，背离生活的真实，将嬉笑怒骂、悲伤哀痛表现得淋漓尽致，夸张过火的程度令人啼笑皆非。

为了克服电影表演的虚假现象，我们努力追求不露表演痕迹的表演，要求演员体验真切，感觉准确，而表露含蓄。演员在镜头前要像在生活中一样以平常的调子动作和讲话。

老演员李纬同志以其精湛的表演才能和一丝不苟的创作精神，成功地塑造了"盘老五"这一个性格复杂而丰富的普通劳动者形象，为我国电影画廊增添了一个个性鲜明的艺术典型。

在现实生活中，一个人感情流露的幅度一般总是低于内心的体验。这是因为作为高级动物的人，有一种控制感情的本能。因而，演员在镜头前的感情幅度，必须保持常人情状。在一般情况下，淋漓尽致地倾泻内心的激情都会显得夸张和做作。从这种意义上讲，演员的基本技能之一就是控制激情。

陶玉玲同志在《航标》中第一次扮演老年妇女形象。她以准确、含蓄的表演，创造了吴爱花这个历尽沧桑、饱经磨难的农妇典型。

试以吴爱花与盘老五"面馆会面"一场戏为例：

附录一

吴爱花与盘老五在三十年前相爱,两人约定,盘老五放排回来结亲。没想到盘老五因散排,背了磨盘债,不忍心让爱花跟自己受苦,就"背弃"山盟,独自离开了。吴爱花苦等了八九年,"负心汉"却杳无音讯。

新中国成立后,翻了身的洗衣姑娘吴爱花与他人结了婚,生儿育女,过上了幸福的生活。从20世纪50年代末开始的历次政治运动,尤其是十年"文化大革命"风暴,使我们的国家遭受了一场史无前例的浩劫,身为一个普通老百姓的吴爱花也在劫难逃。"丈夫死了,儿子也死了,我一身病痛,生产队嫌我累赘。"她沦落成一个"讨饭婆子",整日沿街乞讨。

这一天,在双河街的面馆里,她把讨饭碗伸到了盘老五的面前:

"可怜可怜,好心的大哥,给口热汤吧……"

正在吃饭的盘老五抬起头,诧异地望着她:"爱花……"

吴爱花惊愕地睁大了眼睛,颤抖着嘴唇,吐不出一句话……

盘老五拉过板凳让她坐下,把一碗面递到她的跟前。

吴爱花哆嗦着双手捧起饭碗,面对着昔日的情人——"负心汉",又是今日的施主盘老五,她万千思绪涌上心头,是怨恨,是感恩,是悲愤,是哀怜?社会把她抛到了人世间最卑微的境地,她多么需要同情和怜悯。但是,久经生活的摧残,受尽了人间冷眼的她,早已看破红尘,心灰意冷。她对盘老五还抱什么希望,她是自卑的,然而又是自尊的。

吴爱花慢慢地放下饭碗,捡起了被人撞倒的讨饭篮,站起来,望着盘老五,苦苦地一笑,转身走了……

这一段戏,如果按照一般的演法,吴爱花完全可能泣不成声,涕泗滂沱。然而陶玉玲同志深入分析了角色的性格、人物关系和所处的环境——顾客往来的面馆之后,极力控制内心奔涌如潮的激情,抑制了眼眶里滚动的泪水,"心如黄连脸在笑",含蓄而深刻地揭示了吴爱花异常复杂的内心世界。比起那淋漓尽致的痛哭流涕、泣血顿首来,陶玉玲同志的表演无疑要真实得多,深沉得多,感人得多!

《人生》导演阐述

1. 时代特质和典型环境

影片《人生》表现的是 20 世纪 80 年代初期，我国北方黄土高原上城乡交叉地带青年人的生活、理想和追求。

我们党总结了三十年正反两方面的历史教训，领导全国人民开始了"四化"建设的新长征。我们古老的、多灾多难的民族面前，终于展现出一片光明的前景，整个国家在建设物质文明和精神文明的征途中，脚踏实地地前进着。但是由于历史的原因，特别是十年政治风暴的袭击，国家在前进的时候，背负沉重，内部充满了错综复杂的矛盾：封建主义的残余、愚昧落后的意识、不正之风的侵蚀等等，都成了我们前进的障碍和绊脚石。现实生活中的城乡差别、工农差别、体力劳动和脑力劳动的差别，则是产生这些障碍的基础和土壤。尤其是城乡交叉地带，由于城乡之间日渐广泛的互相渗透、互相影响，新与旧、文明与愚昧、现代思想意识与传统道德观念、现代生活方式与古老生活方式发生了激烈的矛盾冲突。这些冲突，反映在我们社会生活的各个领域——政治、经济、文化、思想意识、精神道德，无不闪现这些冲突的色彩。这些色彩，就构成了我们时代的独特氛围，影响着每一个社会成员的思想行为，左右着每个家庭的喜怒哀乐，在现实生活的舞台上演出了一幕幕人生的悲喜剧。

我们影片的故事，就是在这样一个特定的时代氛围和典型环境中展开的。

典型形象与产生它的时代、环境，总是不可分割地联系在一起；深刻地分析、理解时代特质和典型环境，是准确把握影片主题思想和人物性格的前提。

2. 主题的多义性和思想启示

影片通过对主人公高加林曲折坎坷的生活道路的展示，向社会特别是向青年一代提出了一个如何对待人生的严肃课题。这个课题包含着丰富的社会内容。诸如：消灭三大差别问题，解决社会就业问题，克服党内不正之风和社会流弊问题，抵制资产阶级思想侵蚀的必要性与建设物质文明和精神文明的迫切性问题，青年人如何对待爱情、婚姻问题，老一代对子女的教育问题，等等。这一切，正是影片的思想内蕴和主题的多义性。复杂，却丰富，展现了社会生活的广度；多义，却深刻，揭示了社会生活的深度。

影片多义性的主题和丰富的思想内蕴将随着故事的发展，在观众的思考中延伸和深化。

把握主题的多义性和丰富的思想内蕴，是每一个创作人员自始至终都应该注意的；没有主题的多义性和丰富的思想内蕴，就会有损影片博大而深沉的总格调。

3. 影片的风格和结构方法

这是一出在明丽的社会背景下的人生悲剧。

一出个人命运的悲剧推演出一个发人深省的社会变革的主题。这就构成影片的总风格：悲而不伤，哀而不怨。

你看见深山峡谷中那潺潺流淌的溪流吗？它虽向往着辽阔的平原和浩瀚的大海，然而却毫无怨言地沿着大自然开辟的道路蜿蜒盘旋着。它是那样清澈、纯净，又是那样深沉、质朴，即使有时从陡峭的山崖上跌落下来，也只会发出一声惊愕的呼喊，又很快地重归于平静。

它像一首沉郁而隽永的抒情诗。

我想，这就是我们这部影片风格的形象描绘。

影片的结构基本上沿用了我们民族传统的按时序渐进的客观叙事方法，朴实无华。但在人物性格的剖析方面,又大量借用了现代艺术的心理分析手法。在总体上不打乱时空观念的前提下,局部采用了延伸时空的手法,借以加强人物心理的变化,以透视人物的内心世界。

4. 主要人物

高加林:一个极其复杂的现代农村青年形象。

性格:自尊,自信,敏感,坚韧,倔强,富于理想,勇于拼搏,饱含着青春的活力,闪烁着英雄主义色彩,凝聚着时代赋予人的许多积极因素。这是高加林性格的主导方面。另一方面,他又有着自卑、虚荣、狂热的弱点。他从精神上、行动上不顾一切地追求个人发展,把人生的意义仅仅局限在个人欲望的实现上,但是欲望超过了现实的可能性,这就是他悲剧性格的全部内涵。

高加林,既不是保尔·柯察金,也不是于连·索黑尔,而是一个彷徨于人生十字路口,还没有找到正确方向和坚定信念的具有强烈的时代特征的青年典型,是一个美与丑、新与旧、崇高与卑劣的有机复合体。

刘巧珍:她的精神深深地植根于我们民族传统道德观念的土壤之中。

她善良、聪慧,温柔、谦让,单纯、真挚,有着一颗金子般的心灵。但是,她又被传统的糟粕性的观念所束缚。善良混合着愚昧,谦让伴随着自卑,纯真却失之于简单。她只会爱,不会恨,将自己的人格价值仅仅局限在爱情和婚姻的小圈子里:只知道爱和被爱。这种偏狭的自我意识,使她始终处于从属的地位。

这就是一个被遗弃者的内在的悲剧因素。

刘巧珍对高加林的爱是那样的诚挚、热烈,她的心灵是那样的透明、单纯,她的感情境界是那样的高尚、优美,为了爱,她敢于冲破封建礼教的束缚。但是,在爱情的领域里,一个人内在的品质和心灵可以决定爱情品格的高下,并不能决定爱情的幸福与否。外在的因素,常常有着更重要的作用。在落后向先进转化时期的社会背景下，社会的因素对爱情的结局有着更为重要的影响。刘巧珍不识字，不是她的过错，但文化水平的差异在客观上却成了她与高加林爱情道路上不可逾越的障碍。当高加林感到自己命运不幸的时候，巧珍却当作自己幸运的到来，这是多么大的误会！如果高加林是一个富于牺牲精神的人，他们的爱情也许不会破裂。可惜的是，高加林既不是"爱情至上"的信徒，也不是超凡脱俗的圣贤。他向往的是另一种生活，追求的是另一种爱情。前文所述，高加林的命运悲剧有着多方面的社会因素和个人因素，刘巧珍的爱情悲剧正是这些因素的合力所造成的。

巧珍是可爱的，值得同情的。然而，她精神上、性格上的弱点却令人惋惜！

黄亚萍：一个热情、开朗、狂热任性的城市姑娘。

她，一切以自我为中心，不管他人的痛苦，用极不严肃的态度对待生活。她，貌似充实，实则空虚；貌似高雅，实则庸俗。她不爱张克南，却用张克南来填补自己的空虚；她爱高加林，却不愿舍弃城市的优越生活。对她的过错，无疑应该加以指责，但由于她的选择在现时代有一定的合理性，因而又是可以理解的。人们需要思考的是，黄亚萍爱情悲剧中所包含的复杂的社会内容。

高加林、刘巧珍、黄亚萍的爱情悲剧，给人们一种痛惜感，让人们从愤怒中觉醒，焕发出改造社会的精神力量。这正是影片最终所要完成的最高任务。

5. 表演风格

在现实生活中，一个人感情流露的幅度一般总是低于内心的体验。这是因为作为高级动物的人，有一种控制感情的本能。

演员在镜头前的感情幅度，必须保持常人情态。在大多数情况下，"淋漓尽致"的表演都会显得做作和夸张。

体验要真切。感觉要准确。表露要含蓄，宁温勿过！

这就要求演员对人物的每一种情态进行认真的设计，但又要完全消除设计痕迹。演员在镜头前要朴素地，像在生活中那样以平易的调子动作和说话。

看不出表演痕迹的表演是最好的表演。

我们不排斥即兴表演，即兴表演往往放射出奇异的光彩，但是不能把希望全部寄托在即兴表演上，如果不做扎实的准备和排演，"现场见"是靠不住的。

我们的民族一向以含蓄、内在著称，我们的表演风格也要求含蓄、内在，使其与民族性格、民族欣赏心理和谐统一。

6. 摄影

这部影片是悲剧，但格调不宜阴暗。从总体上讲，摄影的调子应该是明丽而柔和的。

荒秃的山坡，贫瘠的土地，狭窄的沟壑，古朴的村庄，栉比的窑舍，是陕北高原独特的风光，摄影师应注意保持环境的个性特点和乡土气息。

各种流派和风格的互相渗透、互相影响，你中有我、我中有你，已成为现代艺术发展中的一种普遍现象。我们这部影片将追求纪实性与绘画性相结合的摄影风格。既逼肖生活的真实，又要注意美感，注意吻合人物的情绪和意境的渲染。镜头调度要自然、流畅，少用规整呆板的构图，不用刁钻古怪的角度。光色运用既要真实，又要注意吻合人物情绪。

对于变焦距镜头的使用要特别谨慎。由于变焦推拉造成的空间畸变，会破坏空间的纵深感，破坏画面的真实性。同时，由于变焦推拉的主观作用往往使观众的心理产生一种被强制感和隔离感，所以在拍摄客观镜头时一般不宜多用。只有在必要的情况下，可以将变焦推拉和运动镜头结合使用，如果使用得当，也会产生一种单纯运动镜头所起不到的奇妙作用。在拍摄人物的主观镜头时，如果人物的空间关系不变，为了表现其视野的凝聚或扩大，可以使用变焦推拉镜头。只有在这种情况下，变焦距镜头才能起到"仿生眼"的作用。

7. 对美术部门的要求

选景、置景、服装、道具陈设及色彩设计要力求真实、朴素。不要粉饰现实。一切浮华矫饰的做法，对体现影片的主题都是徒劳无益的。

化妆油彩要淡，皮肤感要强。人物身上和脸上的汗水、污秽要视其情况给以足够的点染，不要怕"脏"，无妨多一点所谓"自然主义"。服装要再现陕北农村和县城的真实面貌。

8. 关于背景处理

镜头的背景场面是展示影片社会环境的重要组成部分，也是加大影片容量和真实性的重要手段。副导演和有关部门应予以足够的重视。景物、色彩、人的面貌和行为举止，以及典型的生活细节，如骑驴的老头、甘炉烧饼小贩、卖"港衫"的现代青年、坐手扶拖拉机的妇女……都应仔细设计和认真布置。这些背景上的人和物，都包含着社会生活的内容，都能以其独特的信息传达出时代的特征，构成时代的情绪色彩，从而给前景中的人物增强真实感，给影片加大容量。

9. 我们的决心

我们有了一个好剧本，绝不等于有了一部好影片。如果因袭以往粗制滥造的马虎作风，这个好剧本就很可能拍砸。

在艺术创作中，我们不是缺乏能力，也不缺少想法，往往缺少的是实施的决心。

我们摄制组的全体工作人员应横下一条心，团结战斗，千方百计地克服重重困难，一丝不苟，精益求精，认真负责地拍好每一个镜头，不留任何一点凑合的疏漏，努力拍出一部无愧于时代，无愧于亿万群众的高质量的影片！

源于生活的创作冲动
——《老井》导演创作谈

  从接受论的美学观点看，一部影片的完成不仅仅指创作活动的完结，还要依赖观众的欣赏过程，观众可以以自己的生活阅历、文化结构、审美个性来补充、丰富影片的内涵和意义。在影片上映之后，听听观众和评论界的意见，回过头来再反思我们的创作，分析影片的得失，恐怕会更准确。

  这里我所要谈的是影片《老井》创作中的一些想法和做法。

1. 我为什么要拍《老井》

  我从小生活在农村，在农村度过了童年时代，中华人民共和国成立后跟随父母进了城，但由于亲戚大多在农村，所以我跟农村一直保持着比较多的联系。当我和那些鬓发苍苍的老大爷、老大娘或坐在炕头上或蹲在村口聊天的时候，内心总有一种亲切感。我理解他们，甚至连他们的很多缺点都能谅解。正因为这样，在电影中表现他们好像就得心应手。为什么我独立导演的三部影片全是描写农村生活的，这并不偶然，因为在我的血管中流淌着农民的血液，这可以说是我喜欢并拍摄《老井》的先天原因吧，但对《老井》有较深刻的理解和强烈的创作欲望还是在深入生活之后。

  在筹备期间，我曾和主创人员、主要演员到山西太行山区的和顺、左权一带深入生活两个多月，所见所闻使人感慨万千，两个多月不知流了多少眼泪。左权县是革命老区，截至1986年，还有三十七个村庄没电缺水。我们重点体验生活的石玉峧村，离乡政府所在地不到二十里，距公路只有十五里，中华人民共和国成立三十多年来，仍然缺水没电，全村三百七十多口人，21岁以上、55岁以下的男光棍就有八十多个。村里穷呀，姑娘们像水土流失一样都嫁到山下去了，山下的姑娘不上来。几年来，只有一个复员军人娶了一个老婆，因为他会开汽车，自己贷款买了辆汽车跑运输。

左权县在抗日战争时期，是八路军总部所在地，石玉峧也和左权县其他地区一样，曾经给革命做出过贡献。朱德同志在这个村子周围的山上隐蔽过。当年某同志因病在这个村子住过十几天，当时照顾他的房东已年过花甲，也参加了村里为我们组织的座谈会。他说他曾跑出十几里，翻过山岭，为找水吃。某同志当时说：你们这儿太苦了，将来全国解放了，一定要解决你们的吃水问题。这位老农流着泪说："他现在知道不知道我们还这么困难？"老支书说："如今这个好社会，再解决不了吃水问题，我们就没指望了。"

石玉峧村几十年来，在村子周围的山梁上、沟坎里打了一百二十七眼井，井井都是干窟窿！浅的三丈四，最深的十五丈七，四十七米深呀。每打一口井，村里几十个壮劳力轮班苦干半年多，有的深井要打两三年，全是石头，一天能打下去几寸就不错了。在正常的年景里，井底下还有那么几桶水，村里的几个人都因为到井底刮那么半桶泥浆水，有的摔断了腿，有的扭伤了腰。他们还给我们讲了这么一件事：有一个五保户老大爷，大年三十晚上去十几里外挑水，大年初一早晨回来，进家门时，在门槛上绊了一跤，一担水全泼在地上。老人家在门槛上号啕大哭，邻居看不下去，给凑了几瓢水，过了一个年。

他们盼水心切。当我们在村子周围看那一个个干窟窿时，几乎半个村子的人都跟在我们身后，他们说：中央派人来了，来给我们看水了。我说："你们能不能给中央写封信，把你们缺水的困难写上，全村人盖上手印，我们替你们送到北京去。"一个村干部眼泪巴巴地说："老吴呀，这件事你要替我们办成了，我们给你立碑！"

村里的生活如此困难，缺水所以就愈加渴望水，渴望打出一眼有水的井来。离石玉峧不太远一个叫赵家沟的村子，旱季吃的是涝池水，就是在村口挖一个大坑，雨水积存在里面，从山上流下来的雨水、羊屎、牛粪、草屑什么的也都在里边。涝池里泡麻、洗衣服，时间长了，长一层绿苔，牛都不喝那种水。可天旱得厉害了，人们把这些水拉回家，先用笋子过一遍，再在锅里熬一遍，沉淀之后饮用，那水呀，十个喝下去，九个要拉肚子。在这些地方一提起打井来，老乡们都像着了魔似的，那些五保户，那些有病体弱的老人，叫人扶到井场上，干不动重活，哪怕亲手搬一块石头，心里也高兴，因为他们也为打井出了力呀！

看到这样的情景，听了这些故事，我们摄制组的主创人员和演员激动不已！大家不知流了多少眼泪！我们真想为太行山上那千万眼干窟窿痛哭一场，那多么像千万只仰望着苍天的眼睛啊！我和我的合作者被深深地感动了。我思绪万千，感慨万分。我们这个民族啊，经受了多少苦难！成千上万年，在这块穷瘠的土地上繁衍生息，沉积了多么深厚的历史文化。她背负着沉重的精神负担，又爆发出巨大的民族活力。真实地反映我们民族的苦难，歌颂她面对苦难的生存伟力，不正是一个文艺工作者义不容辞的责任和义务吗？！在体验生活中，我们抓住了《老井》的魂，从而激起了更强烈的创作冲动。源于生活的创作冲动永远是新鲜的，生动的。

2. 改编的思考

电影与戏剧性的关系问题，是近些年电影界争论的焦点之一。

我们一些电影显得虚假，其中一个很重要的原因，就是情节、人物过于戏剧化。生活中充满了戏剧性，电影是反映生活的，当然不能和戏剧性"离婚"。但是，如果把生活戏剧化，把情节、人物夸张到离开生活真实的程度，就变得虚假了。

这两年出现了一些淡化情节的影片，一股风，现在似乎已经过去了。回顾走过的这一段路程，人们渐渐明白了：真实、自然的淡化是可取的。但是为淡化而淡化，不顾生活真实，把淡化手法当作目的去追求，一直淡化到什么也没有，这就是失误了；另一方面，搞人为的戏剧化，夸大生活中的戏剧性，以及违背生活常规，变得虚假甚至虚伪，这也是应该坚决反对的。生活本身充满了戏剧性，作为作家、导演，应该真实、自然地去表现生活中本来就存在的这些东西，淡化和夸张都不可取。

小说《老井》是一部戏剧性很强的作品，情节的链条非常紧密，一环扣一环，情节发展起伏跌宕。如何把一部近十万字的作品浓缩到影片中呢？如何取舍小说中的戏剧性情节呢？只能是人物设计要从生活出发，用生活真实作为检验人物思想行为的唯一标准。

小说中赵巧英这个人物写得比较漂浮，是作者理念中追求现代文明的农村新女性。她在科学试验田里种出了甜玉米，到省城车站去观察城市姑娘的穿着打扮，还专程去北京感受新生活，等等。我们认为，这个形象是图解作者意念的一个符号，显得有点矫情。在改编时，我对这个人物进行了改造，把她写成了一个脚踏实地的普普通通的农村姑娘。她高中毕业有一点文化，对落后、贫穷的山区生活感到悲哀，但对这块生养她的土地却有着眷恋之情。她炽热地爱着旺泉，但又无力战胜摧毁她与旺泉爱情的那股习惯势力。她没有原作中那么现代化，而是扎根于老井村这块土地上的有血有肉的农村姑娘。这样，这个形象变得较为真实可信了。

铺排情节要注意发挥电影特性。

《老井》小说的结尾部分是很精彩的。全村人起粮捐款，集资万元，井可以继续打下去。经过几番夜战，终于在一天早晨出水了。旺泉把一碗清水捧到爷爷面前，爷爷面对祖坟，洒下清水，仰天长啸："列祖列宗，你们可以合眼了！"每次我看到这里，都止不住眼泪。这场戏拍下来，一定很好看。但是，由于出水这个结果人人都能想到，所以，照拍下来，一定一般化，大路货。况且，因为这段情节戏剧性太强，搞不好就矫情、虚假，在改编时，我们毫不犹豫地删掉了。可是，怎么结尾呢？怎么才能既不一般化，又能深刻揭示影片内涵？我们憋了好几天，终于由张艺谋憋出个打字幕的方案。我们在人们捐献的财物上叠印出那块千古流芳的石碑，在石碑上打出老井村打井史的字幕：从雍正年间开始,二百多年打了二百多口井,死了多少人……这个沉重啊!这种历史感,这种奋争精神,一下子涌到观众面前,迫使观众去思考我们民族的历史和精神。

"村口拦截"一场,小说中是这样的:巧英、旺泉自己做主,要去公社登记结婚。刚走到村口,一声大喝,旺泉的爷爷万水横着一口大铡刀,站在村口,双方一阵言语冲突。万水又气又急,用铡刀在自己面颊上一砍,血流如注。这样,一下砍断了一对青年人的幸福,如此描写是很有戏的,拍出来一定很好看。你想,那么个白发苍苍的老汉,那么口沉甸甸的大铡刀,往村口一站,镜头仰着往上一拍,真有一种泰山压顶的气势。但我们把它删掉了,因为戏味太浓。现在我们把这段情节改成:旺泉、巧英在山路上走着。万水老汉气冲冲地向村外赶去一声大喝:旺泉、巧英站住。万水几步跨到他们面前,三人对峙,镜头一转到了旺泉家,锅、碗、瓢、盆砸了一地,粮食洒得到处都是,疯二爷捡着地上的碎碗片,旺泉蹲在地上一动不动,万水坐在炕上生闷气,巧英站在门口,她目睹了这个家庭的内讧。巧英明白了,旺泉屈从于家庭的压力,她是无力把他夺走的。这样,从大的戏剧冲突,改为静场的对峙,是不是会更真实些,更电影化些?

我觉得一部影片放完后,让观众鼓掌是比较容易做到的,而让观众看完后讲不出话来,沉重得难以离开座位则很难。我们不想把《老井》造成一个催泪弹,而是想引发观众的思考。

"巧英、旺泉井台相会"一场,长度约五分钟,离别是最伤情的,何况他们有过那么一段刻骨铭心的爱,痛哭流涕,恋恋不舍都是正常的表现。可是我们处理这五分钟,没有眼泪,话也是寥寥几句:"你回来啦。""旺才子埋哪儿了?"再也说不出什么了,经历了那么多喜怒哀乐、悲欢离合,有过那样难以忘怀的过去,说什么都不合适了。旺泉蹲在井口一语不发地抽烟,巧英默默望着他,在他们平静的外表下面内心翻腾着什么?旺泉像嵌在太行山上的石头,巧英将做出何种选择?这复杂的内心感受,只有交给观众去体味了,让观众在静默中联想到他们的过去、现在与将来,以此来丰富与深化这一悲剧主题。

3. 多义性主题的阐发

《老井》的主题是什么？说老实话，我说不清楚。

我们有许多影片把生活简单化，人物提纯，意旨单薄，我觉得没什么价值。影片的主题应该是复合的多重意识的统一，就是说，贯串作品中的双重或多重意识代表着各种不同的价值观，彼此发生碰撞，让人去思索、去选择。你可以从你的角度去选择你所能接受的东西，你也可以去批评你不接受的东西，干吗用一个意旨来束缚观众的思考与想象呢？恩格斯不也说过，倾向愈隐蔽越好吗？所以我想主题模糊、多义是一种较高的境界。近些年，出现了一些主题复杂的影片，如《良家妇女》《人生》等，这是中国电影的一个进步，是对那些直露浅白、一览无余的作品的超越，是一种好现象。

比如，孙旺泉这个人吧，他为了给村子打出一口有水的井来，历经艰辛，割舍了赵巧英对他铭心刻骨的爱情，终于为村子打出水来。从社会的角度来说，他屈从于传统势力，在与巧英的爱情关系中表现的懦弱态度，又暴露了他性格中欠缺的一面。再说打井这件事吧，老井村祖祖辈辈流血牺牲，总算打出了水。老井人根扎稳了，老井人在打井过程中所表现的坚韧不拔的精神可歌可泣，但要从人与自然的生态平衡角度来看，人们毁坏了林子出荒，植被遭到破坏，地表水没有了，开始打井，打出水来要植树造林，这似乎又是一种悲剧性行为。但生活就是如此复杂，新与旧、成功与失败、进步与落后常常混杂在一起，一个答案或结论是无法概括生活的全部内蕴的。我们既要表现被历史文化所塑造的人，也要表现创造历史文化的人。

从我个人的创作历程来看，《没有航标的河流》中，我是侧重从道德的角度评价盘老五这个人物的。他为人正直，念公好义，忠于爱情，富于自我牺牲精神，现在看来，当然浅了些。在《人生》中，有了进步，但还比较明显地存在着历史观和道德观的错位。我一方面想充分肯定高加林渴望充分发挥个人价值的行为，另一方面又热情地赞美了巧珍真挚的、纯洁的爱情，以致有些观众把高加林视为当代的"陈世美"。在《老井》中，我就力图超越过去，在思想上有一个飞跃。我的想法是，要从文化历史的高度，来把握中华民族文化心理结构的演进、变化及发展趋势。

伦理观问题。中国是一个伦理化的国家，自古以来，道德评价高于一切，所谓"存天理灭人欲"，一个人的名誉完了，这个人就完了。《老井》中的赵巧英是受现代文明熏陶成长起来的，她对自己所爱的人就没有那么多顾忌，但恰恰是她所追求的爱情失败了，这说明什么？难道我们对她的行为只能从道德的角度予以评价吗？我们为什么不能从历史发展的角度来评价赵巧英的所作所为呢？如果我们站得高一点，就能看出旧的伦理观中很多保守、落后甚至野蛮的地方，是应该变一变的。

土地观问题。"民以食为天"是句老话了。中华人民共和国成立后，流行着一种见解，扎根农村干革命的便是好的；渴望离开土地，到外面大千世界去寻找新的天地，都被认为是一种背叛行为。赵巧英就不甘心在贫穷的农村苦熬一辈子，她希望和自己心爱的人一同出去寻找更美好的生活，这难道不合理吗？难道非像孙旺泉一样，焊在这块土地上才对吗？我们的国家目前正在改革，改革的核心就是将一个农业国改变为发达的商品经济国家，固守土地不放能行吗？当然，孙旺泉的留与赵巧英的走同样无可指责。目前，我国农村需要赵旺泉。这又是另一个问题。

个人价值与集体价值。中国的传统是集体至上，个人价值向来不被重视。所以牺牲个人的一切是很自然的，是历来讴歌的行为。但我不大明白的是，马克思不是说过，全人类的自由取决于个人自由的充分发挥吗？我们为什么不应该在可能的情况下重视一下个人的幸福、个人的价值呢？

还有诸如传统的好坏、不正之风、人与自然的关系等等，影片中多有涉及，我就不啰唆了。

总之，我希望《老井》带给观众的是多重意识的复合，观众尽可以凭自己的阅历、观念、审美情趣来补充、丰富甚至发展它。《老井》的主题能让大家议论纷纷，莫衷一是，这就是《老井》对中国电影的贡献吧。

4. 旺泉和巧英的形象塑造

尼采说过一段话："人生是一个美丽的梦，是一种审美的陶醉。"

可是，科学却要戳破这个梦，道德要禁止这种陶醉。所以审美的人生态度是与科学的人生态度、伦理的人生态度相对立的，人生审美的必要性，正出自人生的这种悲剧性。凡是深刻了解人生悲剧性的人，若要不是走向出世的超脱或玩世不恭的轻浮，就必须向艺术求归宿。我想我们也应该从审美的角度来理解类似赵旺泉这样的形象，来理解他的欢乐与痛苦，他的胜利与幸福。他人生命运的大喜大悲、大恨大爱显示了他的人生质地，正是在与个人命运做斗争的过程中，他的挫折和挣扎、妥协和搏斗才升华为一种悲剧的美，才为人们所欣赏，成为审美的对象。而我们评论界长期以来有一些人总是以另两条标准来评价文艺作品：一是政治标准，看你是哪个阶级的人物；二是道德标准，看你是不是个完美无瑕的人。《人生》拍出来后，就有两种批评意见，一种说《人生》宣扬自私自利的人生观，另一种将《人生》概括为"痴心女子负心汉"。这两种意见即是用政治的或伦理的评价代替审美的评价，如此评论，《人生》还有什么艺术价值可言？艺术还有什么价值可言？

所以分析孙旺泉、赵巧英这两个人物，也必须从审美的角度，即从人的角度出发，把他们放在一个广义的人的天平上来评价他们的人生价值、人生意义。

孙旺泉是一个悲剧人物。在他的内心，有一种祖辈传下来的历史责任感：在这块干旱的土地上打出水来，让全村人更好地生存下去。但他又从内心爱着赵巧英，这种责任感和个人情感的矛盾冲突，造成了他内心的痛苦和扭曲。现实的压力和性格上的软弱，使他违心地娶了他并不爱的寡妇段喜凤。但这种委曲，不但没有使他的内心平静下来，反而更加重了这个人物的悲剧色彩。历史责任感又加上了丈夫的责任感和父亲的责任感。当他和巧英在井场上分手时他会想些什么？是解脱的平静，还是永难消失的遗憾？责任和爱情的冲突，事业和幸福的矛盾，从孙旺泉身上，我们不是可以窥见中华民族优秀传统的闪光和历史重负的压抑这双重含义吗？

巧英更是一个悲剧人物。作为一个有知识的农村姑娘，她本能地向往美好的爱情生活，向往外面广阔的天地，但是她失败了，在感情上她失去了自己挚爱的对象。更有讽刺意味的是，旺泉事业上的成功又使她残存的最后一点希望——打出水来和旺泉一起出去化为泡影。旺泉找到了归宿，她什么都没得到，只好被迫逃遁了。在老井这块土地上她没找到个人的幸福，在外面的大千世界中又会如何呢？但她毕竟从老井跨越出去了，踏上了继续探寻的道路。人生不就是永不停息的探寻吗？

5. 追求真实、准确、细腻的表演

虚假是国产影片表演的顽症，喊叫了十几年，虽有很大长进，但阴影犹存。

表演贵在一个真，一个准，一个细，即真实、准确、细腻。

表演要求演员首先要深刻地理解人物，理解生活，这就得从体验生活做起。《老井》摄制组的主要创作人员，摄影、美工、作曲、录音、照明、化装、服装、道具和主要演员，筹备阶段在太行山体验了两个半月的生活，吃住都在农民家里，每天除了同农民一起上山干活，每人要挑十担水。另外根据每个角色给演员规定了不同的任务，要求演员每天记体验生活日记，大部分演员都很努力，特别是张艺谋。他从北京电影学院摄影系毕业，做过《一个和八个》《黄土地》《大阅兵》等影片的摄影师。我觉得他的气质靠近孙旺泉，有一股犟劲。他有文化，有较高的艺术修养，对生活和人物也有比较透彻的理解。我同他商量，让他演男主角。艺谋以为我开玩笑。我很认真，他也就认真起来。决定了，宣布的时候把其他创作人员吓一跳，说：你神经没毛病吧？大家虽很信服艺谋，但毕竟因为他没学过表演，没演过戏，所以大家心里都有点嘀咕，我也捏着一把汗。艺谋深知这一点，就努力在体验生活中弥补。他每天从山上背三趟石板，电影上的石板都是真的，每块都在一百五十到二百斤。和其他演员一样，他每天除了同农民一起上山劳动，

附录一

挑十几担水外，中午太阳最毒的时候，别人都在睡午觉，他一个人脱光膀子在院子里打猪食槽子。电影上打猪食槽子的镜头只有两个，艺谋却打了两个多月。每次开会，他不坐板凳，总是学着农民的样子蹲在地上，还不住地用沙土搓手背，为了使皮肤粗糙些。为了找到人垂死时奄奄一息的感觉，拍旺泉和巧英被埋在井下的戏之前，张艺谋和梁玉瑾三天半没吃一口饭，全来真格的。张艺谋的表演真实、朴实，毫无造作，跟他体验生活时的刻苦精神是分不开的。我总想，我们的专业演员，如果都能下艺谋的苦功，我国银幕上那种虚假的表演就会大大减少，可惜，许多演员不珍惜自己的艺术生命。

艺谋的表演虽尚欠细腻，但那准确的感觉和那朴实劲，是一般专业演员很难达到的。譬如挑水一场戏，他在山顶上呐喊的时候，那动作、表情、声音是多么棒！一般专业演员是绝不会那样演的，他们总要检验自己美不美呀？好看不好看呀？其实孙旺泉是个穷山沟里的农民，他才不会做什么形体控制呢。

大家看中国银幕上的表演看惯了，可能认为《老井》演员的表演，尤其是张艺谋的表演不上路。有人可能还认为是不是太自然主义了？依我看，这才算一种探索，矫枉必须过正，不过正不能矫枉么。荷兰鹿特丹国际电影节前主席巴尔斯先生就很欣赏艺谋的表演，说他是一位杰出的演员。我以为，艺谋在《老井》中的表演是成功的。

电影表演的真实性问题是多年来电影界的热门话题，几乎所有的导演和演员都要求自己的作品做到真实，但是都很少有人真正做到，即使一些优秀影片，在表演上也还存在许多虚假现象。有些明明是虚假的表演，导演和演员的自我感觉却很好，个别评论家还写文章吹捧。为什么？我想大概有两个原因：一是久入鲍鱼之市，久而不闻其臭，虚假的表演看惯了，演惯了，创作人员已经麻木了；二是衡量表演真实与否的标准不明确。我以为，看一部影片、一个演员的表演是否真实，只能有一个标准，这就是生活。生活是艺术之源，当然也是表演之源。生活真实是检验表演真实与否的唯一标准。世界上不同流派、风格的影片花样繁多，但在表演问题上只有这一个标准：人总要像人，银幕上人的思想逻辑、人物关系、感情表达的分寸必须符合人之常态，违背了人之常态当然就矫情了。

《老井》的演员来自九个省市，有电影演员，也有话剧演员，还有业余的。论文化程度，有大专，也有初中。论艺术修养，有老艺术家，也有门外汉，参差不齐，南腔北调。大家来拍一部影片，演一个村的人，不能八仙过海，不能一人一把号，各吹各的调。用什么来统一，只有用生活，让大家都往生活靠拢，用生活来统一大家的表演。首先你必须像太行山区的农民，进而必须像"这一个"农民，就是有性格特征的"这一个"。人物关系也必须是中国的，太行山的。母女关系、恋人关系、祖孙关系、兄弟关系等等，除了具备民族的、地域的特征和时代特征以外，还必须具有特定性格和特定家庭的特征。譬如孙旺泉一家爷孙三代，五个光棍，一个没有女人的家庭。爷爷是威严的家长，说一不二，一切由他做主；二爷是疯子；父亲是家庭主男；弟弟是放羊娃，不认字，又缺少点钢骨气；孙旺泉是唯一一个有文化的，又是家里的主要劳动力。穷困，没有女人，五口人相依为命，日出而作，日入而息，各干各的活，没多少话要说。这个家庭缺少欢乐，没有生气，空气比较沉闷。中国的、地域的、时代的特征，具体人际关系的特征都有了。把握住这些特征，这一家人就活了，就真实了，否则就虚假了。

我想谈谈群众演员的表演问题。

大部分国产影片的群众场面，群众演员的表演都显得虚假。原因当然很多，但是，一个主要原因就是群众演员的素质太差，他不理解你的要求，不懂得表演，你费九牛二虎之力，把着手教，全无济于事，常常越摆布越糟糕，致使群众演员像木头，群众场面死板、呆滞。《老井》没有企图去摆弄群众演员，而是采取诱导的办法，诱发群众演员的各种情绪状态，用摄影机偷拍，因此，群众演员的表演、群众场面显得比较真实。我觉得这是一条经验。

6.色彩处理的设想

美工方面，我主要说一下色彩问题。《老井》这部影片的色彩构思，拍摄前

附录一

后，追求上有很大变化。按照过去表现农村题材的影片，尤其是表现贫瘠、落后的农村风貌，一般都是用冷灰调子，为了表现出老井村的干旱、穷困、坚韧与力度，我们曾设想拍黑白片。黑白片能给人以强烈的陈旧感和木刻般的严峻。可我们到农村深入生活时却发现，不对了，农村中越落后的地方，服装、用具的色彩越鲜艳。尤其是姑娘们的衣着，基本上是由三原色组成的，特别鲜亮。当地农民用的柜子也非常有特点，大红的底漆，黑色的边。这种强烈的色彩对比，是中国农村的现实，是生活的真实。

大家都看过农民画吧，像户县的农民画，杨柳青的年画，都是极鲜艳的颜色对比，在对比中体现出一种民族的神韵来，热烈、明快、昂扬，显示了中华民族在任何艰难困苦的条件下，对生活、未来充满了信心；况且现在在西方，原色的对比不也是非常时髦吗？这么一想，我们就把影片的色彩定了下来：大红大绿，五彩缤纷，强对比，高反差，追求一种农民画的朴素风格，大俗大雅，既古朴又现代。

《老井》是一出悲剧，冷灰调子好像和整部影片的风格比较统一，但偏偏我们不这么做，而是独辟蹊径，反着来，表现一出灿烂阳光下的壮美的悲剧。既是生活的真实，又是民族特色，还有时代感。

附录二　吴天明艺术简历

1939年10月25日，生于陕西省三原县西阳镇。祖籍山东莱芜。

1960年2月，从影，任西安电影演员剧团演员。

1974—1975年，在北京电影学院导演进修班学习。

1976年，在北京电影制片厂《红雨》摄制组见习，从师于著名导演崔嵬。

1977年，返西安电影制片厂任场记、副导演。

1978年，作为崔嵬的副导演为故事片《西安事变》做筹备工作。

1979—1981年，与滕文骥联合导演电影《生活的颤音》和《亲缘》。前者获文化部优秀影片奖和优秀青年创作奖。

1982年，导演影片《没有航标的河流》。获文化部优秀影片奖，美国夏威夷国际电影节东西方中心奖——伊斯曼柯达奖。

1983年，导演影片《人生》。因影片揭示了当代农村青年的追求与命运，在全国引起轰动，成为当年上座率最高的影片之一。获中国电影百花奖最佳影片、最佳女主角奖，中国电影金鸡奖最佳音乐奖。

1983年10月—1989年3月，任西安电影制片厂厂长。任职期间，实行了一系列改革措施，大胆启用有才华的青年艺术家，为大家营造了一个比较宽松的创作环境，使后来被称为中国电影第五代代表人物的张艺谋、黄建新、何平、周晓文、顾长卫等一批优秀的青年艺术家脱颖而出。这批青年艺术家的作品，立意独特，手法新颖，连连在国内外获奖，为中国电影赢得了荣誉。这不但使

附录二

这批青年艺术家在影坛站稳了脚跟，也使名不见经传的西安电影制片厂成为国内外瞩目的中国新潮电影的摇篮。

1986年，导演电影《老井》。由于影片深刻的社会内涵和杰出的艺术成就，获1987年中国电影金鸡奖最佳影片、最佳导演、最佳男主角、最佳女配角奖，大众电影百花奖最佳影片、最佳男演员、最佳女配角奖，第2届日本东京国际电影节大奖、最佳男演员奖，国际影评家联盟特别肯定奖和东京都执事奖；1988年，获意大利萨尔索国际电影节大奖，美国夏威夷国际电影节评委会特别奖。

1987年，因对电影事业做出的贡献，被美国TELLURIDE国际电影节与DARTMOUTH大学电影学院授予荣誉奖章。

1989—1993年，应美国亚洲文化协会邀请，作为访问学者赴美考察，先后在加利福尼亚大学戴维斯分校和南加州大学东亚系任客座教授。

1989年9月，被聘为第3届东京国际电影节评委。

1995年，导演电影《变脸》。获1996年中国电影华表奖最佳合拍片奖，中国电影金鸡奖最佳合拍片、最佳导演、最佳儿童表演奖。另外，应二十余个国际电影节邀请参展，先后获第9届东京国际电影节最佳导演、最佳男演员奖，第15届莫斯科国际青少年电影节最佳影片、最佳导演、最佳女主角奖和评委最佳影片奖，第29届印度新德里国际电影节金孔雀奖，第16届波兰普士南国际儿童电影节最佳影片、最佳导演、最佳男演员、最佳儿童演员、最佳美术奖，德国、西班牙、瑞士等国际电影节最佳影片、最佳导演、最佳演员等三十余项奖。《变脸》在日本、美国和欧洲多国发行放映，受到影评界和观众广泛好评。

1996年，导演十六集电视连续剧《黑脸》。在中央电视台播出后引起强烈反响，获中国电视飞天奖，中宣部"五个一工程奖"。

1997年，导演电影《非常爱情》。获中国电影华表奖优秀影片奖，中宣部"五个一工程奖"。

1998年，导演三十五集电视剧《黄河人》。获1999年北京市政府优秀电视剧奖。

1999年，导演二十集电视剧《都市情感》。在中央电视台播放。

2000—2002年，编剧并导演电影《首席执行官》。获2003年华表奖优秀影片奖，金鸡奖最佳导演提名。

2003年，导演根据英国作家伏尼契的小说《牛虻》改编的二十集电视连续剧。

2005年，导演二十五集电视剧《南洋有情天》。

2005年1月11日，中国电影导演协会"为表彰吴天明的杰出艺术成就，以及他为中国电影导演群体的成长所做的贡献，特授予终身成就奖"（评语）。

2005年11月，在中国电影诞生一百周年纪念活动中，被国家人事部和广播电影电视总局授予"国家有突出贡献电影艺术家"称号。

2005年，被聘为第8届上海国际电影节评委会主席。

2006年，被聘为第8届长春电影节评委会主席。

2007年，受聘担任印度新德里国际电影节评委。

2008年，受聘担任新加坡国际电影节评委。

2009年，受聘担任台湾金马奖电影节评委。

2006—2010年，担任西安曲江影视投资（集团）有限公司董事长。

2006—2014年，担任西安曲江梦园影视有限公司总经理。

2013年，编剧并导演电影《百鸟朝凤》。影片入围第29届中国电影金鸡奖最佳故事片、最佳男主角、最佳女配角、最佳录音等四项提名，获评委会特别奖，第15届中国电影华表奖优秀农村题材影片奖和优秀电影音乐奖，第21届北京大学生电影节组委会大奖，获全国第13届精神文明建设"五个一工程"优秀作品奖，获首届国际丝路电影节观众最喜爱影片"奖，获第5届英国万象国际华语电影节"最佳新晋男演员奖"等。

后 记

我从未见过吴天明,与他的亲人们也仅仅是一面之交。

很多人问我,你为什么给这样一个和你没有任何关系的人写传?我说,他是我心中电影人里的英雄。

吴天明在其职业生涯中,除自身屡创当时观影人次纪录的优秀作品之外,尤其令人尊敬的一点是,他还发掘了当时中国电影的诸多未来新生力量,包括时下已然堪称业界翘楚的第五代导演代表张艺谋、陈凯歌、黄建新等。他创造了中国电影"文革"后的第一个高峰,成为西部电影的旗手,率领中国电影第一次走向世界,被称为中国电影的教父。

他是第五代导演的贵人,是中国电影的良心。

人生得意时,尽一己之力提携后辈,振兴电影;人生低潮,甚至备受磨难时,不改初心,继续为电影事业奉献余热。他从不抱怨,对中国电影事业持之以恒,鞠躬尽瘁,以匡扶青年一代为己任,以惠及民众为目标,堪称电影人的楷模。

他在电影事业上的个人建树,以及对中国电影事业的整体推动,不仅表达了一个中国人对世界的向往,而且对后世有着广泛而深远的影响。他在中国电影史上的地位,应当得到充分的肯定和铭记。

千禧年以后,吴天明很多时候在西安。很奇怪,一直无缘相见。就像我从北京电影学院回来,对电影心有念念却一直在写作,或"转战"各大媒体糊口,直到有一天,缘分降临,才开始了电影事业。其实努力一下是可以见面的,以当时陕西最好的官方媒体主编的"桂冠",或许还能做些事情,没准儿还能有合作,那该是一件多么幸福的事情。当年他与曲江签约期满后,一位朋友说约到一起见,谁知时间一拖再拖,终究留下遗憾。

吴天明离去,百鸟朝凤。

作为一个作家,一名电影晚辈,我应该为他做点什么。

在本书创作过程,我没有进行艺术的遐想,只是在当年各类信息资料以及媒体对吴天明的采访中,寻找并发现其艺术人生的点滴,并按照时间顺序如实地记录而已。

这本书从吴天明逝世后不久开始收集素材,我采访了一些当事人、部分吴天明的同事。初稿时有三十万字,从春到夏又不停修订到二十万字,后来在编辑杨杰的建议下,修改到现在的十一万字。本书基本上是一部吴天明导演的艺术编年史。

感谢吴妍妍女士和吴继明先生的帮助与纠正,感谢吴天明家人提供了那么多的珍贵照片,感谢著名摄影师柏雨果先生和于运河先生等提供的珍贵影像资料。

感谢我的父亲,一位视吴天明导演为大人物的超级粉丝,对我书写工作的支持。

感谢陕西师范大学出版总社慧眼识珠,在市场经济澎湃的今天能够出版这本书。

风雨如磐的时代,孕育中国电影的巨人;神州峥嵘,焕发伟大复兴的梦想。

希望本书能够抛砖引玉,为更多专家、学者提供一些研究上的索引,为人们了解吴天明艺术提供一点帮助。

愿吴天明导演的电影精神,在一个新的伟大的时代里孕育、萌发、生长,星火燎原。

愿吴天明先生安息。

2017 年 10 月于桃花铺

吴天明摄影作品

第一章　黄土地上走出来的少年才子

坎坷童年

　　一个人的生平要追溯到其出生以前。一个人价值观和世界观的源头往往都是家族，家族给予一个人最深刻的初始印象：我们坐在奶奶膝盖上听她讲故事，我们看到家庭成员劳作，我们感受父母、家族内部的温暖，我们体味他们对待劳作、生命和爱以及社会和这个世界的态度……这些都影响着一个人的成长。

　　清末同治二年（1863），陕西关中发生了局部内乱，许多村庄都成了无人村，被称为关中平原白菜心的三原县更是重灾区，土地荒芜，十室九空。后来清廷派来的县官里有一个山东人，姓焦。山东，历来人多地少，所以才有了年复一年的"闯关东"。焦县令灵机一动，于是就有了延续数十载的山东人"闯关中"。这一次的大迁徙给陕西请来了至少二百万的"山东客"。无疑，也大大地加快了陕西的复苏。

　　本地人（山东客是这样称呼老陕的）所以不无敬意地叫山东人为山东客，一方面是因为他们是"请"来的，也是因为这些山东人把诸如种瓜、种菜、榨油等一些技术带给了陕西。

　　就这样，曾祖父带着祖父拖家带口地来到了陕西。搭帮结伙地来，又搭帮结伙地住。初来乍到的山东客多是以老家的县、府或亲戚熟人扎堆定居。也许就是这个原因，祖父一来就在北边条件并不太好的耀县的"移村"落了户（那里至今还有许多亲戚）。或许还有另一个原因，就是地窑，到了陕西首先要解决的就是住的问题，地窑可能是最好的选择。在移村是看不到地面建筑的。后来可能觉得地处平原、土地肥沃、交通便利的三原更好一些，于是就又搬到了三原这个已被山东人占了一半的西阳镇。

吴天明的父亲吴曰聪，骨子里的那么一股山东人的"响马"基因和尚武精神，使他从小就练就了一身功夫。再加上豪爽正直、敢作敢当的品性，吴曰聪从当学生起就不是个安分守己的人。

1936年4月，吴曰聪加入了中国共产党，并以保长的公开身份开始了他的地下工作者生涯。

三原是陕西共产党最早、最活跃的地方，也是国共两党争夺最激烈的地区。

1939年农历九月十四凌晨，吴天明的爷爷做了一个梦。他梦见在路上捡了

三原地窑

第一章 黄土地上走出来的少年才子

一个小男孩,便背着这男孩回家。梦到快到家时,他就被现实里新生儿的啼哭声给唤醒了。

这个新生儿便被叫作"梦"。

1942年,因为叛徒的出卖,三原地下党组织遭到严重破坏。也正是由于国民党的一个"叛徒"(吴曰聪的同学)的及时告密,吴曰聪和他的大部分战友才得以逃脱。而这个告密者却在后来的"镇反"运动中未能幸免,被"镇压"了。枪毙的那一天,任县长的吴曰聪不吃饭,一个人躲在办公室悄悄地抹泪。

父亲上了"北岸"(红区)的马栏(陕西省委所在地)。之后,奉命组织了一支三四十人的游击队,常年活跃在陕甘边区淳化、旬邑、耀县一带,为边区筹集各类物资、枪支弹药;接送进出延安的干部、学生,以及深入白区锄奸拔点等等,人数虽不多,动静可闹得不小!外号不雅的"吴大麻子"搞得白区的国民党风声鹤唳,闻风丧胆,甚至不惜巨款悬赏吴曰聪的人头。

父亲走后,母亲很快也带着3岁的梦逃离家乡。不久,在地下党的安排下辗转北上,到了马栏。1943年到1947年,梦相对稳定地在边区度过了四年童年时光。在此期间,他还得到了边区小学两年多的启蒙,也就没有因年龄落下太多知识。

1947年3月,胡宗南几十万大军进攻延安,边区政府和家属不得不撤离马栏。这个时候梦已不再是独子,母亲已给他添了两个弟弟。父亲带领着游击队,本来就常年见不着面,大仗来了就更顾不了家了。于是28岁的妈妈带着8岁的梦、3岁的老二,抱着还在襁褓中的老三,开始了长逾一年的逃亡生涯!(1949年,老三因黑热病不幸夭折)

危机四伏的逃亡,饥寒交迫的颠簸,战争的残酷,乡亲们的热忱,以及每一处老乡无论贫富的倾囊相助,无不深深地印在了这个8岁小男孩的心里!

也许就是这一年多的颠沛流离,让年仅8岁的梦早早地成长为一个男子汉!这一年,他从母亲那里学到了善良,坚贞,无畏,真诚。母亲的这些品德无一不折射在他身上,他懂得了爱,知道了恨,尤其学会了担当!每当离开一个村子,老乡们常常会给一头驴子,但那只能让母亲抱着两个弟弟骑,除偶尔有马车坐,他从来都是靠着一双8岁小男人的脚走过来的。

十多年后的一个冬日,西安,北门里,还是这一双光脚把一个大男孩送进了一家影院。进去了,他就再也没有出来。

1948年胡宗南撤退之后,当全家终于团聚时,看到母亲把三个小男人完整地带了回来,吴曰聪一声不吭地转过身去蹲在地上,半晌才闷声闷气说了句:都回来了就好。母亲后来给孩子们说起这一段时总是说:你爹呀,一辈子都不会说句人话!

1949年迎来解放,吴曰聪担任三原县共产党的第一任县长,度过了六年流浪生活的梦总算随父母安顿了下来。

从三岁开始,随着父母流浪的梦,不仅看见了父亲的勇敢,也目睹过母亲的坚韧,父母的性格无形中影响了他,让他比同龄孩子更有胆识、智慧和担当。院里的小朋友要是被人欺负了,他一定要去讨回公道;为了他认为对的事情,甚至带头打架。很快,他就成了机关大院里的孩子王。

童年的经历,成为一个人宝贵的精神财富,也将永远影响着他。

第一章 黄土地上走出来的少年才子

埋下电影的种子

1950年，政府规定每个县领导只有一个孩子可以去省保育学校读书，于是家里就报了梦的弟弟吴天明。三个月后省里名额批下来，母亲觉得弟弟年龄太小，不让去，决定让梦去。要换人，就得重新申报，还要审查，于是家里一商量，干脆让梦代替弟弟吴天明去上学。从此吴天明这个名字便伴随了他终身，而弟弟不得不改名为吴继明。

从上小学起吴天明就爱上了说快板。当时著名的农民诗人王老九、谢茂恭的快板书，他一天能背一本，有了这些垫底，吴天明经常能在学校的文艺晚会上出风头。

在三原的农村自乐班里，孩子王的吴天明也快乐地参与其中。在著名的秦腔现代戏《穷人恨》《血泪仇》《改造二流子》中，他分别演了戏中的三个孩子，逼真的表演给村民们留下了深刻的印象。

有着极好语言天赋的吴天明上初中时，已经能用陕西话说快板，说相声。到了高中，他又热衷于演话剧，编舞蹈。父母批评他"不务正业"，谁知他早已"积重难返"，竟然还爱上了电影。高二一次偶然的机会，他观看了苏联导演杜甫仁科的影片《海之歌》后，就被电影中壮阔的伏尔加河、勇敢的建设者，以及优美的画面震撼。影片采用了大量回忆和幻想镜头，把过去、现在、未来交织在一起，三个时态的转换和穿插直接而迅速,令人眼花缭乱。这种手法不仅对杜甫仁科,而且对当时的苏联电影而言,都是大胆的革新。这部由许多主人公的生活和命运的小故事组成的电影也像极了他的童年,他被这样一部"诗的电影"迷惑了。当时,为了多看几遍这部电影,他绕到电影院后街,用母亲缝制的新棉鞋换了一块多钱,买了三张电影票,一连看了三场。电影里富于诗意和激情的独白让他陶醉,甚至后来他还想办法买来电影剧本,把里面的台词背得滚瓜烂熟。

这部影片对他的影响很大,以至于后来吴天明说,是这部电影引导了他的电影观。

少年吴天明

上高中时,吴天明是西安中学的文体干事,以他为首组建的小话剧队名扬西安市。有一次,吴天明还被当时的省长赵寿山请到省政府说相声。每每说起这些,父亲吴曰聪都不掩饰脸上的得意。这个时候,西影以及早就盯上了他们几个苗子

第一章　黄土地上走出来的少年才子

《海之歌》剧照

的陕西省人艺，都希望吴天明能考入自己单位。也正是因为《海之歌》中长达两页内心独白的台词，让考官们惊喜万分，1960年，吴天明如愿被西影演员训练班录取为学员。得知吴天明被西影演员训练班录取时，父亲心里很高兴。

> 辽阔的第聂伯河在呼号，
> 狂怒的风暴在咆哮。
> 波浪和群山比量高低，
> 我站在"涅克拉索夫"号轮船的甲板上。
> 迷人的景物浮现在我面前，
> 蓝色的水、白茫茫的沙洲、葱绿高岗上白色的茅屋，
> 月亮从乌云后边向外张望，像一叶孤舟漂在海洋……

随着影片《海之歌》片头字幕的出现，音乐响起，"涅克拉索夫"号船上的合唱队歌声逐渐增强、扩展、散布到暮色苍茫中广袤无垠的第聂伯河上。

年少的吴天明也随着悠扬的歌声开始了他一生的梦想……

WU TIANMING
YISHU
HUAZHUAN

—— 第二章 ——

风华正茂　牛刀初试